森 靜

俺の論語

孔子と君子への道

東京図書出版

武内義雄譯註『論語』（岩波文庫）の読み下し文を教本とする。

武内義雄譯註『論語』（岩波文庫　昭和八年四月三十日　第一刷発行・昭和十八年四月五日第十一刷改版発行・昭和二十八年四月十五日　第十六刷発行）の読み下し文を教本とし我流解釈に挑戦する。

参考著書

和辻哲郎『倫理学上巻』『倫理学下巻』『徳の諸相』『孔子』　岩波書店
武内義雄『論語之研究』　岩波書店
吉川幸次郎『論語（上）』『論語（下）』　朝日新聞出版
金谷治『論語』　岩波文庫
鎌田正・米山寅太郎『新版漢語林』　大修館書店
長澤規矩也編『新漢和中辞典』　三省堂
『広辞苑』　岩波書店
「孔子の弟子名」　WEB

※

俺には論語の原文を読み下す力はない。詩経・書経はまるで知らない。論語の註釈、古註、新註は知らない。孔子の時代はもとより歴史は知らない。語学力はない。論語の学術的なことは俺には分からぬ。歴史上の問題は俺には分からぬ。要するに無学である。それでも教えを受けることはできる。原文を読み下せぬ愚者であっても、先人の学者諸氏の読み下し文に接することはできる。二千年以上も前の生きた言葉に接し、その言わんとするところを解し学ばんとすることができるのは、学者諸氏のお陰である。

この俺が無謀にも論語の解釈に挑戦しようとしたのは、和辻哲郎博士の著書『孔子』に出会ったことがきっかけである。俺が論語を云々することは出来ないが、和辻哲郎博士は、著書『孔子』の中で「論語は他の言葉で叙述することのできない無数の宝玉を蔵している、」そして「人生についてのあらゆる可能な考え方がここで尽くされたと言っても過言ではなかろう。」とも述べられている。この論語を読まぬ手はない。人生の宝玉が満ちているのである。

また、氏は論語の問答章をして、「問答の方は孔子の説き方に密接に結合している。それは言葉によって一義的にある思想を表現するのではなく、孔子と弟子との人格的な交渉を背景として生きた対話関係を現している。従ってそこには弟子たちの人物や性格、その問答の行われた境遇などが、ともに把捉せられている。それが言葉の意味の裏打ちとなり、深い含蓄を与えるのである。」、そして「弟子が問い師が答えるということで完結する対話は、一合にして勝負の決まる立ち合いである。」と述べられている。すなわち、人間孔子、偉大なる人の師としての孔子が論語には現されているのである。そして著書の結びでは、「孔子の語録を読む場合に禅宗の語録を念頭に浮かべておくことは、いろいろな意味で有益だろうと思われる。」と言葉を添えられている。

俺が博士の著書『孔子』に出会わなかったならば、自分の力（多くは学者諸氏の訳文を参考にした）で、論語をひも解くことなど思いもしなかったであろう。学者諸氏の現代語解釈に甘んじて論語を読んだ気分になっていたに違いない。俺には論語の原文を読み下せる力、学がないからである。しかし和辻哲郎博士は、原文を掲げることなく論語を語られていた。そこで気が付いたのである。原文にこだわらずとも良いと。学者諸氏の読み下し文に学べば良いのだと気が付いたのである。幸いにも武内義雄博士の論語読み下し文の著書（岩波文庫）があった。勿論、和辻哲郎博士が紹介されているところの武内博士の著書である。そのお陰で俺は論語に接することができたのである。

俺の論語は勿論俺の学の為の論語でしかない。俺の腑に落ちる俺の為の論語解釈でしかないのである。

青春時代、和辻哲郎氏の著書『倫理学』に出会って、僅かばかりだが自分の人生に何かを得ることができた。博士の哲学というより、その説かれる人倫の道に深い感銘を受けたのである。俺にとって論語はその延長上にあるものである。

追記

この俺が無謀にも論語の解釈を書物にしてみようとは思いもしていなかったことであるが、昨今大腸癌の手術に遭って、死ぬんだと云うことを再認識したことがきっかけで、いってみれば、論語衛霊公二〇、子曰く、君子は世を没《をは》るも名の称せられざるを疾《や》む。ではないが、愚者と雖も生きた証というべきものかは、といったところか。よって我が死を悼んでくれるであろう少数の友への別れの証にせんとするものである。だが俺の論語は俺の腑に落ちる俺の為の解釈でしかない。そう云うことなのだ。

ただ愚者の稚拙な解釈、乱暴な解釈が論語を貶めるようなことにならないことだけを祈るばかりである。

凡例

武内義雄博士の読み下し文を教本として、その我流解釈に挑戦をせんとするものである。その解釈の頭に【我流訳】とし無学者の解釈であることを記す。同様に勝手な考えや思いを【私語】とし記した。解釈に参考とした語句などを、【学習】として記した。又、「子曰く」、で始まる語で孔子の言葉のみで終わるところは、「子曰く」、の語を訳では記すことを省いた。「子曰く」、弟子の「曰く」、「子」、などの語句はなるべくそのままにした。

武内義雄博士の読み下し文中の月形括弧（）の中の語句は氏の註、亀形括弧〔〕の中の語句は武内博士が經文を諒解し易いようにと本文とは別に補足されたものである。漢字の読みでルビのひらがなで記したものは武内博士の「読み」である。旧仮名遣いはそのまま記したが、漢字の旧字体は漢和辞典を参照して新字体に改めたものが多々あることを断っておく。また、【我流訳】で括弧《》の中に記した語句は自分の勝手な補足解釈である。原文は読み下せぬから記さない。

俺の論語
孔子と君子への道

❖

目次

予備学習

弟子学徒名――『論語』登場（名前）人物、「孔子の弟子名」（ＷＥＢ）より。
『論語』登場回数（名前）は独自の集計による。
ページ数は独自にまとめた〝弟子学徒別章〟のものである。

弟子学徒名		孔子との年齢差	登場回数（名前）	ページ数
一、由、子路、季路	仲由・子路、季路（姓チュウ名ユウ字シロ又はキロ）	9歳下	42回	4頁
二、回、顔淵、顔回	顔回・子淵・顔淵（姓ガン名カイ字シエン通称ガンエン）	30歳下	21回	25頁
三、子夏、商	卜商・子夏（姓ボク名ショウ字名シカ）	46歳下	19回	34頁
四、子貢、賜	端木賜・子貢（姓タンボク名シ字シコウ）	45歳下	36回	42頁

五、子張、師	顓孫 師・子張 （姓センソン名シ字シチョウ）	48歳下	18回	59頁
六、曾子、参	曾 参・子輿・曾子 （姓ソウ名シン字シヨ通称ソウシ）	46歳下	14回	68頁
七、冉有、求、冉子	冉 求・子有・冉有 （姓ゼン名キュウ字シユウ通称ゼンユウ）	29歳下	16回	73頁
八、子游、言游	言 偃・子游 （姓ゲン名エン字シユウ）	48歳下	9回	80頁
九、仲弓、雍	冉 雍・仲弓 （姓ゼン名ヨウ字チュウキュウ）	29歳下	7回	84頁
一〇、閔子騫	閔 損・子騫・閔子騫 （姓ビン名ソン字シケン通称ビンシケン）	15歳下	5回	87頁
一一、宰我、予	宰 予・子我・宰我 （姓サイ名ヨ字シガ通称サイガ）	31歳下	5回	88頁
一二、伯牛	冉 耕・伯牛・冉伯牛 （姓ゼン名コウ字ハクギュウ通称ゼンハクギュウ）	7歳下	2回	91頁

一三、有子	有 若・有子（姓ユウ名ジャク字ユウシ）	43歳下	4回	94頁
一四、樊遅	樊 須・子遅・樊遅（姓ハン名シュ字シチ通称ハンチ）	36歳下	6回	96頁
一五、南容	南宮 括・子容・南容（姓ナンキュウ名カツ字シヨウ通称ナンヨウ）	?歳下	3回	99頁
一六、赤、子華	公西 赤・子華・公西華（姓コウセイ名セキ字シカ通称コウセイカ）	42歳下	5回	101頁
一七、原思	原 憲・子思・原思（姓ゲン名ケン字シシ通称ゲンシ）	36歳下	3回	103頁
一八、司馬牛	司馬 耕・子牛・司馬牛（姓シバ名コウ字シギュウ通称シバギュウ）	?歳下	3回	104頁
一九、子賤	宓 不斉・子賤（姓フク名フセイ字シセン）	30歳下	1回	105頁
二〇、公冶長	公冶 長・子長（姓コウヤ名チョウ字シチョウ）	?歳下	1回	106頁

二一、漆雕	漆雕 開・子開（姓シッチョウ名カイ字シカイ）	11歳下	1回	106頁
二二、公伯 寮	公伯 寮・子周（姓コウハク名リョウ字シシュウ）	？歳下	1回	107頁
二三、顔路	顔 無繇・路・顔路（姓ガン名ブユウ字ロ通称ガンロ）	6歳下	1回	107頁
二四、皙、曾皙	曾 点・皙・曾皙（姓ソウ名テン字セキ通称ソウセキ）	15歳下	1回	108頁
二五、巫馬期	巫馬 施・子旗・巫馬期（姓フバ名シ字シキ通称フバキ）	30歳下	1回	108頁
二六、柴、子羔	高 柴・子羔（姓コウ名サイ字シコウ）	30歳下	1回	109頁
二七、牢	琴 牢・子開（姓キン名ロウ字シカイ）	？歳下	1回	110頁

一、孔　子

孔は姓・子は尊称
孔・丘・仲尼＝姓コウ・名キュウ・字名チュウジ
魯の国・昌平郷陬邑《ショウヘイキョウスウユウ》に生まれる
紀元前五五一（五五二）－四七九年――『漢語林』

一の一　孔子の生涯

孔子の自伝、為政四は人の人生の成長の達せられるべき段階として世に云われ、心ある人の人生の目標となった。四十にして惑はずは、多くの人の知る所である。
論語の中に語られる孔子の生涯、人間像は、自叙としてここから始まる。だが、その生涯はとても凡俗の及ぶところではない。

為政四

子曰く、吾十有五にして学に志し、三十にして立ち、四十にして惑はず、五十にして天命を知る、六十にして耳順《したが》ふ、七十にして心の欲する所に従つて矩《のり》を踰えず。

【学習】

・矩＝ノリ・法則・きまり　・踰＝ユ・こえる・のりこえ進む

【我流訳】

私は、十五の頃になって《人の真《マコト》の道を求めて》学問に志を立てた。三十になって道の実践を始めることができた。四十になって道に迷うことがなくなった。五十になって道の当為を知ることができた。六十になって人の言い分を黙って聞くことができるようになった。

七十になって心の欲するままに従って、矩を超えることなく自らを有《タモツ》ことができるようになった。

【私語】

十五の頃は今でいえば義務教育の終了時である、高校、大学と高学歴に入るころである。大企業への就職がちらつくころ、三十の頃は結婚するころか、世の中に立つときである。四十は仕事には熟達できても、なお多くの惑いのあるころか。五十は凡俗の諦めどころのころか、六十はそろそろ年金生活をといったところか、七十は健康食品、病院通いが日課となるころか、凡俗なのだ。

※
吾十有五にして学に志し、が道の始め、道を学べば実践あるのみである。よって三十にして立ったのである。だが道に迷うことなく突き進むのは難しいことであったのだろう。しかし、その迷いも四十にして吹っ切れた。
五十にして天命を知るは聖人のはなし、六十にして耳順《ミミシタガ》ふはとても凡俗が及ぶ境地ではない、人の言に逆らうが凡人の常である。まして七十の境地はである。
※
七十の段階のみは常人には適用せられない――和辻哲郎『孔子』より

一の二　孔子の理想の人間像

孔子の理想とする人間像は、年上には可愛がられ、朋友には好かれ、年下には慕われるものになりたい、にある。愛弟子たちとの会話の中で、孔子は己の理想とする人間像を吐露する。

公冶長二七

顔淵季路侍る。子曰く、なんぞ各爾《なんぢ》の志を言はざる。子路曰く、願くは〔己の〕車馬衣裘を、朋友とともにして之を敝《や》ぶるも憾みなからむ。顔淵曰く、願くは善に伐《ほこ》ることなく労を施すことなからむ。子路曰く、願くは子の志を聞かむ。子曰く、老者には安んぜられ、朋友には信ぜられ、少者には懐《なつかし》まれむ。

【学習】

■顔淵＝孔子の弟子――顔回・子淵・顔淵（姓ガン名カイ字シエン通称ガンエン）

■季路＝孔子の弟子――仲由・子路、季路（姓チュウ名ユウ字シロ又はキロ）

■敝＝ヘイ・やぶれる・こわれる　■裘＝キュウ・皮衣

■憾＝カン・うらむ

■伐＝うつ・功績をほこる・てがら・木を切る・そこなう

【我流訳】

顔淵と季路が師の傍に侍る。子曰く、遠慮なく各々自らの志を言ってみなさい。子路曰く、願わくば私の持っている車馬・衣裘《イキュウ》を朋友と共有してとことん使いこなし、こわれ、破れても怨むようなことのないような者になりたいものです。顔淵曰く、願わくば善行を自慢することなく、難儀を人におしつけないような者になりたいものです。子路曰く、願わくば先生の志をお聞かせください。子曰く、年長者には可愛がられ、朋友には信じられ、年少者には慕われる者になりたい。

一の三　孔子の生き様

述而一五

子曰く、蔬食を飯《くら》ひ、水を飲み、肱《ひぢ》を曲げてこれを枕とするも、楽《たのしみ》亦その中に在り、不義にして富み且つ貴きは我に於て浮べる雲の如し。

【学習】

■蔬＝ソ・あおもの・野菜　■蔬食＝ソシ・ソショク・そまつな食物

【我流訳】

食い物は粗末なものを食べ、飲み物は白湯水《サユミズ》を飲み、肱枕で寝る日々だが、そんな中にも楽しみはある、道ならぬ道《手立て》によって富や貴き地位が得られたとしても、そんな富貴は自分にとって縁もゆかりもない浮雲と同じだ。

【私語】

孔子は道ある人の富貴へのこだわりを戒める。学而一四、学而一五、里仁五、里仁九、述而一一、などその語は多い。

そんな生き様の中にあって、道を極めんとする孔子は己を磨くに余念がない。

述而三

子曰く、徳の脩まらざる、学の講ぜざる、義を聞きて徙《うつ》る能はず、不善改むる能はざる、是れ吾憂なり。

【学習】

▪脩＝シュウ・おさめる・修・かざる　▪講＝ときあかす・論議する・研究する

▪徙＝シ・うつる・うつす・場所をかえる・移動する

【我流訳】

徳を修得し切れない《心のゆるみ》、学問を追究し切れない《向上心のゆるみ》、義《正義》を聞いて行動に移せない《気後れ》、善ならざる行いを改め切れない《怠慢》、私は《自らを叱咤し切れない》心のゆるみを恐れる。

【私語】

己に厳しい孔子の恐れるものは己自身なのかも知れない。知らず知らずに忍び寄る自らの心の緩みを心配する。

一の四　道の人、孔子

孔子が道の人であることは、里仁八に言い尽くされている。道に適いさえすればそれでよいのである。孔子にとっては道が全てなのである。

里仁八

子曰く、朝に道を聞かば夕に死すとも可なり。

【我流訳】

道の何たるかを知ることができればその日の中に死んでもかまわない。

【私語】

孔子が道の人であること。

※

沙門道元がこの章や孔子の言行を引いて説法していることは実に驚きである。

※

良寛もまた道を和歌に詠んでいる。

いかにして誠の道にかなひなむ千歳のうちにひと日なりとも

一の五　孔子の道

孔子は、曾子と子貢に道を授ける。

里仁一五

子曰く、参よ、吾が道は一以て之を貫《おこな》（行）ふ。曾子曰く、唯。子出づ、門人〔曾子に〕問ひて曰く、何の謂ぞや。曾子曰く、夫子の道は忠恕のみ。

【学習】

■参＝孔子の弟子――曾参・子輿・曾子（姓ソウ名シン字ショ通称ソウシ）

■忠恕＝己の心底からの誠を尽くし、人を思い遣り、慈しみ、赦す――己の欲せざるところは人に施すなかれ。

■恕＝思い遣り・慈しみ・ゆるす

■唯＝直ぐ丁寧に返事をすること

【我流訳】

子曰く、参よ、吾が道は一を以て実践していくことにある。曾子曰く、はい、と丁寧に答えた。子が退出された。門人が曾子に何の意味かを尋ねた、曾子曰く、夫子の道は忠恕あるのみ。

【私語】
孔子の道は一を以て実践を行っていくこと。曾子はその一を忠恕だと覚る。

衛霊公二四
子貢問ひて曰く、一言にして以て終身これを行ふべきものありや。子曰く、それ恕か、己の欲せざる所は人に施《ほどこ》すこと勿れ。

【学習】
▪子貢＝孔子の弟子――端木 賜・子貢（姓タンボク名シ字シコウ）
▪恕＝思い遣り・慈しみ・ゆるす

【我流訳】
子貢曰く、一言でもって言い切れることで、生涯をかけて実践すべきものというものが有りましょうか。子曰く、それは恕だ、《すなわち》己の欲せざることは人に施してはならないということである。

一の六　孔子の道、忠恕と仁

孔子の道は忠恕の実践である。忠恕の実践は仁の端、仁を行う方法、仕方でもある。これを説いたのが、次の雍也三〇である。

雍也三〇

子貢曰く、もし能く博く民に施して能く衆を済《すく》はば何如。仁と謂ふべきか。子曰く、何ぞ仁に事《とゞ》まらむ、必ずや聖か、堯舜もそれ猶これを病めり。それ仁者は己立たむと欲して人を立たしめ、己達せむと欲して人を達せしむ、能く近く譬《のり》（辟）を取る、仁の方《みち》といふべきなり。

【学習】
- 施＝ほどこす・あたえる
- 済＝すくう・なす
- 堯＝ギョウ・中国古代伝説上の帝王・陶唐氏——『漢語林』
- 舜＝シュン・中国古代伝説上の帝王・有虞氏——『漢語林』
- 達＝栄達・通じる・栄える・成就する
- 譬＝たとえ・たとえる・さとす・類似

【我流訳】

子貢曰く、もし多くの民に施して多くの衆を済わば何如。仁と謂うべきか。子曰く、それは仁にとどまらずまさに聖である、堯や舜ほどの聖天子といえども、その道の実現に苦しんでいたのである。仁者は己が立たんと欲すれば人も立たしめ、己が事を成就しようとすれば人をも成就させてやる、そのように自分が欲することを身近な人から施していく、それが仁の実現の方法というべきものだ。

【私語】

「能く博く民に施して能く衆を済はば」は聖人の域である、いきなり高望みはせず、仁の道は先ず恕から始めるべきである。己が立たんとすれば人をも立たせ、己が成就せしめんと欲すれば、人の成就にも手助けをしてやる、即ち、自分が欲することを身近な人から施していくことである。それが仁の端である。

忠恕の実践が如何に難行なことであるかは、公冶長一二で子貢をして説かれている。

公冶長一二

子貢曰く、我人のこれを我に加ふるを欲せざることは、吾も亦これを人に加ふるなからむことを欲す。子曰く、賜よ、爾《なんぢ》の及ぶところに非ざるなり。

【我流訳】

子貢曰く、自分が人からされたくない嫌なことは、人にもしないようにしたいものです。

子曰く、《いいことを言うが中々できることではない、》そなたにできるとは思えないが。

【私語】

我人のこれを我に加ふるを欲せざることは、吾も亦これを人に加ふるなからむ、は孔子の目指す忠恕の実践の道である。子貢はそれを自分の道の如くに口にした。子貢の軽々しい物言いを咎めたものかも知れない。顔回に劣らぬほどの賢者（公冶長九）の子貢でもまだまだ修養が足らないということか。

一の七　孔子の横顔

孔子は数多の弟子（若者）学徒に師事された真なる人の師である。

教師・孔子 ―― 教師としての横顔

八佾九

子曰く、夏礼は吾能く之を言《と》かむとせるも、杞徴《あきらかに》するに足らざるなり、殷礼も吾能く之を言《と》かむとせるも、宋徴《あきらかに》するに足らざるなり、文と献（賢）と足らざるが故なり、足らば則ち吾能く之を徴《あきらかに》せむ。

【学習】
■徴＝チョウ・証拠・あかしをたてる
■杞＝キ・周代の国の名・夏王朝の子孫が封じられた――『漢語林』
■宋＝ソウ・周代の国の名・殷王朝の子孫が封じられた――『漢語林』
■文献＝文章と賢才・記録と学者――武内義雄『論語』

【我流訳】

夏の礼文化を私は説きたいと思うのだが、その子孫である杞の国にはそれを明らかにするものが足りない。殷の礼文化も私は説きたいと思うのであるが、その子孫である宋の国にはそれを明らかにするものが足りないのである。もし記録とそれを聞く賢者が足りていれば私は夏と殷の礼文化を明らかにすることができる。


【私語】

曖昧なことは説くことは出来ないということ。教師としてのまこと。

学問の道に決して厭きることはない。教えることも又学問である、よって人に教えて倦むこともない。

述而二

子曰く、黙して識《さと》り、学びて厭《いと》はず、人を誨《をし》へて倦《う》まざること、我に於て何かあらむ。

【学習】

■厭＝あきる・満足する・いやがる　■誨＝おしえる

■倦＝ケン・うむ・あきる、怠ける・くたびれる・疲れる

【我流訳】

思索を重ねて知識を深め、学んで厭きることはない、人を誨えて手を抜くことはない。私にとっては当然のことばかりである。

述而七

子曰く、束脩を行へるより以上のものは、吾未だ嘗て誨《をし》ふるなくんばあらず。

【学習】

■束脩＝束ねた干し肉・進物品・入学金

【我流訳】
束脩の多少に関わらず門を叩いたものには教えなかったことはない。

人の師・孔子

師・孔子は学問も道も厳しい姿勢で臨む。自らに厳しいばかりでなく弟子学徒達にも厳しく躬行実践の人であれと説く。

雍也二一
子曰く、中人より以上には以て上《かみ》を語るべく、中人より以下には以て上《かみ》を語るべからず。

【学習】
■中＝なか・なかば・平均　■語＝かたる・説く・おしえる

【我流訳】
人一倍、日々の努力・精進を怠らぬ者には、更なる高みを語っても善い、人並み以下の怠惰な者には更なる高みを語ってはならない。

【私語】

人より抜きん出た努力家には高みを教えてもよい、そういう人は教えてやれば自分で伸びていくが、人並み以下の怠惰な人にはどんな高みを教えても無駄だということ。

述而八

子曰く、憤《もだ》えずんば啓《をし》へず、悱《いた》まずんば発《さと》さず、一隅を挙げて之に示して三隅を以て反《かへり》みざれば復《また》〔教へ〕ざるなり。

【学習】

- 憤＝いきどおる・いかる
- 啓＝ひらく・導く・教える
- 悱＝いらだつ・うまく言い表せられないでいらいらする
- 発＝ひらく・あばく・だす
- 隅＝かたすみ・品行方正のたとえ

【我流訳】

行き詰まって頭に血が上るほど苦しまなければ手を差し伸べない、自分では解っているのだが、その考えをうまく言い表せないでいら立つほどでなければ導いてやらない。一つを示して、多を省みることができなければ、繰り返して教えることはしない。

【私語】
思い切り悩み苦しんで考えなければ教え導くことはしないとし、学問も道も思いっきり苦しみ悩まなければ、教えても諭しても身に付くことはないと説く。そして、一つの発見・理解から諸事の引き出しを得られないようでは学問は遅々として進まない、そんな人には何度教えても無駄だと説く。

衛霊公一六

子曰く、如何せむ如何せむと曰はざる者《ひと》は、吾如何ともするなきなり。

【我流訳】
自問自答を繰り返し、どうすればいい、どうすべきなのかと悩まない人は《教えようがない》。

【私語】
自問自答を繰り返し、自ら知恵を出すことや工夫をしようとしない者を叱咤する。

二、君子への道　――学問・修徳・修己・君子・仁

道の実現の為には己を磨かねばならない。人を育てねばならない。ここに学問の道が、人としての修己・修徳の道が生まれるのである。

二の一　学　問

道の始めは学問からである。目指すは理想人格者、君子の人である。

その学問はいつから始めても道は得られる。

述而一六

子曰く、我に数年を加へ五十にして学ぶも、易《また》（亦）大過なかるべし。

【我流訳】

私が数年たって五十になったとして、そこから学問を始めたとしても、決して遅すぎるこ

とはない《学問の悦びは得られるものである》。

【私語】

学問はいつから始めても道は得られる。何を始めるとしても、年齢に制約されることはないのだ。

だが、学問に励んでも、その道を極め尽さんとする者は少ない。

泰伯一二

子曰く、三年学びて穀（禄）に至《こゝろざさ》（志）ざるは得《え》易《やす》からざるなり。

【学習】

■穀＝コク・禄　■至＝志――こころざす――武内義雄註

【我流訳】

三年間学問をして仕官を目ざさない人は得難い人材である。

【私語】

現代社会と同じ、就職のための高学歴を目ざす人が多いということ。

学問の道を追求し続けることは固よりのことであるが、その道を見失ってはならない。

泰伯一七

子曰く、学は〔逃《にぐ》るを追ひて〕及ばざるが如くするも、猶之を失はむことを恐る。

【我流訳】

学問は、その逃げるのを追って追いつこうと必死になって努力をするものであるが、それでも猶、《その道・目的を》見失ってしまうことがあることを恐れなければならない。

【私語】

学問の道を追求し続けることは固よりのことであるが、その目的《実践・実現・悟得》を見失ってはならない。

向学心のあるものは、知ることを好んで止まないものである。

子張五

子夏曰く、日にその亡《な》き所を知らむとし、月にその能くする所を忘るる無からむとするは学を好むといふべし。

【学習】

■亡＝ほろびる・にげる・ない・無い

【我流訳】

子夏曰く、日毎に知識を増やし、月毎にその知識を蓄えようと努力を怠らぬ者は学を好むものといえるだろう。

学問は一人黙々と思索を努力するだけでは何もえられない。

衛霊公三一

子曰く、吾嘗て終日食《くら》はず、終夜寝《い》ねず、以て思ひしかども益なかりき、学《まな》ぶに如かざるなり。

【我流訳】

私はかつて、昼夜食わず寝ずに思索に没頭したが何も得られなかった、学問に励むに勝るものはない。

学問の人孔子

公治長二九

子曰く、十室の邑にも、必ず忠信丘の如きものはあらむ、〔然れども〕丘の好学には如かざるべし。

【学習】

▪十室の邑＝戸数十軒の小さな邑――吉川幸次郎『論語』

▪忠信＝行いが誠実で、陰日向がない

【我流訳】

小さな村といえども、必ず私ぐらいの誠実さをもった人はいるだろう、しかし、私ほどの好学心を持つ人はいないに違いない。

二の二　学問の道

論語学而第一　凡十六章

弟子（若者）学徒へ学問の道を説く総論、目指すは君子の人。

学而一

子曰く、学びて時に習ふ、亦説《よろこば》（悦）しからずや。有朋《とも》（友朋）遠方より来る、亦楽《たの》しからずや。人〔己を〕知らざるも慍《うら》みず、亦君子ならずや。

【学習】

■説＝セツ・説きあかす・よろこぶ・心の中で楽しむこと＝悦

■有朋＝友朋。有朋は二字で「とも」――武内義雄『論語』

■時＝春夏秋冬・日月の経過・時節　■習＝実行の習熟――武内義雄『論語之研究』

■慍＝ウン・うらむ・いかる・いきどおる

■朋友――同門を朋、同志を友という――『漢語林』

■君子＝学徳のある人格者・徳の体得者・君主・上級官吏

【我流訳】

学んだことは不断に習熟していくものである、《その学問の道に厭きることはない、》何と悦ばしいことであろうか。

《共に切磋琢磨した》朋友が遠くから訪ねて来てくれる、何と楽しいことであろうか。

《学問の道に励むのは人に己の名声を得るためではない、》誰にも知られることがなかったとしても、何で人を慍みえよう、それが亦君子と云えるものではなかろうか。

【私語】

学び得たことは不断に実践を重ね、習熟していくものである、その学問の道は厭きることの無い久遠の道である。

生涯の友を得るのは概ね学校生活の中である。学問の道に志せば朋友にも恵まれる。学問の喜びはそんなところにもある。

学問の道は己の名声を得るためにあるのではない。名利に囚われていては君子の名を成すことは到底できるものではない。

学而二

有子曰く、その人と為り、孝弟（悌）にして上を犯すことを好むものは鮮《すくな》し。上を犯すことを好まずして乱を作《な》すことを好むものは、未だこれ有らざるなり。君子は本を務む、本立ちて道生《な》る、孝弟はそれ仁の本か。

【学習】
・有子＝孔子の弟子――有若・有子（姓ユウ名ジャク字ユウシ）
・人と為り＝生まれつき・人柄・もちまえ・せいしつ
・孝弟＝孝悌＝コウテイ・親に孝行を尽くし、兄長に仕えて従順なこと
・務＝与えられた仕事をする・はげむ・なすべき仕事・やくめ

【我流訳】
有子曰く、人の人と為りは孝悌による、孝悌《親に孝行を尽くし、兄長者に従順なもの》であるものが兄長者を害うような行為を好むものは希である。兄長者を害うことを好まない者が無作法な行為を好むことは有るはずがない。君子は、《物事の》大本を《大事にして実践を》務める。《よって》大本を知ることができれば為すべき道は自ずと決まる。《人としての大本である》孝悌は仁の本である。

【私語】
孔門学徒の学ぶべき道、それは仁の道。その仁は孝悌を土台とする。

※

どんな人も最初は家族に生まれ、家族に育ち、家族に教えられ学ぶものである。その学ぶものは孝悌、すなわち家族兄弟愛である、それはまた友愛の本でもある。ここから世の中に人は出て行く。

学而三

子曰く、言《こと》を巧《よく》し色を令《よく》する〔人〕は、鮮《すくな》し、仁あること。

【学習】

■巧言＝言葉の巧なこと・上手にしゃべること

■令＝よい・りっぱな　■色＝顔色・かざる

■鮮＝すくない・まれである・つきる

【我流訳】

口先だけの言葉を巧みに使い、人を喜ばす表情を取り繕う人は、仁があることは希でしかない。

【私語】

巧言令色であっては人の実を尽くせないという戒め。言葉や顔の表情だけを巧みに飾って内面に真心の無い人は、真に人を思いやることなどできないということ。人として心底からの実《マコト》をもてということ。

学而四

曾子曰く、吾日に三たび吾身を省《かへりみ》る、人のために謀《はか》りて忠ならざるか、朋友と交りて信あらざるか、習はざるを伝ふるかと。

【学習】
・曾子＝孔子の弟子――曾　参・子輿・曾子（姓ソウ名シン字シヨ通称ソウシ）
・謀＝はかる・考えをめぐらす
・忠＝中と心から成る字で、中心（心の底）を尽くす・真心を尽くすこと・身を棄てても人の為に尽くすこと・自己の良心を欺かないこと・真心・まこと
・信＝人と言から成る字で、言行の一致・嘘を言わない・相手の言を疑わない・約束を守って他人を欺かない・信用・信頼・真実・誠実・まこと

※

・忠は自己修養の原理、信は社会道徳の基礎――武内義雄『論語之研究』

【我流訳】
曾子曰く、私は毎日自分の行いを反省する。人の為を思って親身となって忠《己の心底からの真心》が尽くせたであろうか、朋友と交わって信《人を欺かぬ嘘・偽りのない真心》を尽くせたであろうか、習わなかったことを伝えたりしなかったであろうかと。

【私語】
反省の重要性を云ったもの。

人として、人との交わりに、人の為を思って己の心底からの真心が尽くせ、朋友との信頼に於いて人を欺かぬ嘘・偽りのない真心を尽くせるものと成らねばならない、と暗に忠と信を得よと説く。だが真の忠と信は実践されるものでなければならない。そこで己の行いを反省することが重要となる、自分の良心に問うて実践を怠ることのないよう自分を監視するのである。

※

学問やその実践は絶えず反省されながら向上していくものである。自らの行いの反省をできる人は、自己を己の良心に問う。自らを問うことのできない人は進歩が得られないものである。陽貨二六、子曰く、年四十にして悪《そし》らるる人はそれ終《やん》ぬるかな。の人になってはならないのである。

学而五

子曰く、千乗の国を導《をさ》（治）むるには、事を敬《つゝし》んで信《まこと》あり、用を節して人を愛し、民を使ふに時を以てせよ。

【学習】

▪千乗＝兵車千乗（千台）

▪千乗の国——諸侯の国（大名の国）

▪導＝道＝治める——武内義雄註

▪敬＝尊んで礼を尽くす・真心をこめてつとめる

▪用＝役立たせる・費用・財力　▪時＝春夏秋冬・日月の経過・時節

【我流訳】

国を治めるには、政《まつりごと》の事業を真心を込めて努め民に信を得ること、財貨の無駄遣いをせず人を愛して、民の使役には時節を気づかってせよ。

【私語】

治国の要、人民に信を得ること、人民を愛すること。

※

為政第二以後政治に関する多くの語録が出てくる。政治も人が為すもの、人の道によるものでなければならないことの始め。政治によって世の中に仁道の実現を目指そうとしたのであろう。だが銭社会では経済が第一義である。

孔子は言う。子路九、子、衛に適けるとき冉有僕たり。子曰く、庶《おほい》かな〔衛人〕。冉有曰く、既に庶し、又何をか加へむ。曰く、富さむ。既に富めり、又何をか加へむ。曰く、教へむ、と。

孔子は豊かになった民に何を教えるのであろうか。

学而六

子曰く、弟子入りては則ち孝、出でては則ち弟（悌）、謹みて信《まこと》あり、汎《ひろ》く衆を愛して仁に親しみ、行《おこな》ひ余力あれば則ち以て文を学べ。

【学習】
▪弟子＝テイシ・年若い者・年少者・弟であり子である者――『漢語林』
▪弟子＝デシ・師について学ぶ者・師を父兄になぞらえていう・門人――『漢語林』
▪謹＝つつしむ・ひかえめにする　▪文＝学問・書物・飾り
▪悌＝年長者に対し従順で善く仕えること

【我流訳】
若者学徒《の日常の心得》は、家にあっては孝行を尽くし、一歩家を出たならば年長者に従順を尽くし、言動を慎んで嘘・偽りなく、広く人を愛しみ仁者に親しむこと、これらを実践して尚、余力があれば書物を学べ。

【私語】
学問の道は日々の反省が大切なように、日々の実践も同じように大切なものである。若者学徒の心得として大切なことは日常の実践、行いを正しくすること、そして尚学べということ。

※
親しむ――すぐれた人に親しんでいると、気が付かないうちに、自分もすぐれた人に近づ

いていくということ。

学而七

子夏曰く、賢《さかしき》を賢《たふと》（尊）び、色を易《あなど》（軽易）り、父母に事へて能く其力を竭《つく》し、君に事へて能く其身を致《ささ》げ、朋友と交り言《ものい》ひて信《まこと》あらば、未だ学ばずといふと雖も、吾は必ず之を学びたりと謂はむ。

【学習】

■子夏＝孔子の弟子——卜商・子夏（姓ボク名ショウ字シカ）

■賢＝才知・徳行にすぐれている・聖人に次ぐもの・尊ぶ

■賢＝尊——とうとぶ・武内義雄註　■易＝かえる・あなどる

■竭＝つきる・あるかぎりをだす　■事へ＝つかへ

■致＝いたす・さし出す・きわめる・つくす

■謂＝述べる・語る

【我流訳】

子夏曰く、賢なる《長者》を尊敬し、色に惑わされず、父母に仕えて労を惜しまず孝行を尽くし、君に仕えて我が身命を惜しまず己の心底からの真心を尽くし、朋友と交わってその物言いに嘘・偽りのない真心を尽くせたならば、たとえ学問などしたことがないと言う人であったとしても、私は必ずやその人を、学問を修めた人と謂うであろう。

【私語】

この五項目の実行・実現が学問の目的であるということ。だからこれを真に実行できれば書物を読むことがなかったとしても、学問を修めたことと同じだということ。

※

和辻哲郎氏は、著書『孔子』の中で、賢《さかしき》を賢《たふと》（尊）び、は五倫の思想の長幼の序に当たるであろうと述べられ、長であるがゆえに尊ぶのでなく長者が「賢であるがゆえに」尊ぶのである、と。又この章は五倫の思想に近いとも。

※

長であることをことさら強調する輩は得てして賢ならざるものに多い。

学而八

子曰く、君子重からざれば即ち威あらず、学べば則ち固《かたくな》ならず、忠信〈の人〉に主《したし》み、己《おのれ》に如かざる者《ひと》を友とすることなかれ、過《あやま》てば則ち改むるに憚《はゞか》ることなかれ。

【学習】

▪重＝重厚・おもおもしい　▪固＝かたくな・愚かで教養がないさま・頑固

■威＝威厳・いかめしい
■忠信＝行いが誠実で人を欺かない

【我流訳】

君子が軽々しい言動をしていてはその威厳を失う。

学問に励み頑固者にならないようにすることだ。

己の心底からの誠を尽くし、人を欺かない嘘・偽りのない人に親しみ、自分より劣った者を友としないことだ。

過ったならば遠慮なく改めることである。


【私語】

学ぶ者の心掛け四か条

❇

君子が軽々しい言動をしていては威厳がなくなる。

❇

だからといって重々しくて威圧的な言動であっては頑固ものでしかなくなる。たとえ賢者と雖も頑固一徹に陥ってはどうにもならない、学問によって柔軟な考え方を身に付けよ、ということ。

❇

己の心底の誠を尽くし人を欺かない人と親しむこと、そして自分より劣る者を友としないこと。自分より劣る者を友としていては自分が高みに導かれることはない。ここを知り、自分より優れたものを持っている人を友とすべきである。

❇

過ったならば改めることに遠慮していてはならない。

※

己に如かざる者を友とするなかれ──の意味するところ・和辻哲郎『孔子』より

もし一般の世間において「己に如かざる者を友とすること」がなければ、友人関係はきわめてまれにしか成り立ち得ぬであろう。我はたとい己に優る者を友としようとしても、その優る者は己に如かない我を友とすることができないからである。従って人はただ己に等しいもののみを友とし得る。その場合に人を導きまた導かれるということはあり得ない。しかるに学徒は導かれる立場にある。常に己より高い者優れた者に接しなくては、有効に導かれることはできない。だからこの心がけは学徒の心がけとして最もふさわしいのである。

※

衛霊公三〇、子曰く、過ちて改めざる、これを過といふ。人は失敗を繰り返す、成長できぬが凡俗のようだ。

子張二一、子貢曰く、君子の過つは日月の食するが如し、過つときは人皆これを見、更《あら》たむるときは人皆これを仰ぐ。

学而九

曾子曰く、終を慎しみ遠を追へば、民の徳厚《あつき》に帰せむ。

【学習】

- 慎＝おろそかにしない・重んずる・大切にする
- 終＝完了する・終業・死・臨終　■遠＝奥深い・遠大・先祖・とおざける
- 慎終＝物事のしめくくりに十分気をつけること
- 徳＝心に養い身に得たところ・人道をさとって行為にあらわすこと――『広辞苑』

【我流訳】

曾子曰く、《上に立つ人が物事の締めくくりや完了、結果など》終わりに重きを置いて、将来の善い結果を追うことができれば、民の自ら徳を得ようとする心情を厚くできるだろう。

【私語】

上に立つ人は、人々の目先のことより先々の結果、将来のことを見据えて行動をせよということ。理想や希望を民に与えることができる人に導かれれば民は自然に徳を得た善人への思いを厚くすることだろう。

※

道は一朝一夕になるものではない。性急に目先を追って大事なものを見失ってはならない。

人の上に立つものが、目先の実利に囚われていては、遠い将来の理想や希望を、あるいは百年の計と云ったものを実現することはできない、道を得た人は、先々の好結果を望むものだ。そのように、人の上に立って人を導こうとするものは、物事の終わりを大切にしなければならない。そんな理想や希望を民に与えることができる人に導かれれば民は自然に徳を得た善人への思いを厚くすることだろう。

学而一〇

子禽、子貢に問ひて曰く、夫子のこの邦に至るや必ずその政を聞けり、〔夫子〕之を求めたるか、抑《あるひは》（或）〔人君〕之を與へたるか。子貢曰く、夫子は温良恭倹譲もて之を得たり、夫子の求むるは其《それ》諸人の求むるに異なるか。

【学習】

- 子禽＝孔子の弟子？——陳 亢・子禽（姓チン名コウ字シキン）
- 子貢＝孔子の弟子——端木 賜・子貢（姓タンボク名シ字シコウ）
- 夫子＝先生・長者
- 聞＝耳に入れる・うけたまわる・参与する・たずねる
- 與＝与
- 温良恭倹譲＝五徳
- 温＝穏やかであたたかい
- 良＝素直で優れている

■恭＝礼儀ただしく慎み深い　■倹＝つつましい
■譲＝人にゆずり謙る　■其諸＝二字で「それ」――武内義雄『論語』

【我流訳】

子禽、子貢に問いて曰く、先生はどこの邦に行かれても必ずその国の政をお聞きになられておられました。それは先生が自ら求めて為されていたのか、それとも君主がその場を与えておられていたのでしょうか。子貢曰く、それは先生が温良恭倹譲の徳を具えておられていたが故、その徳によってどちらからともなく、政の見聞の場を得られていたのである。先生の求められようは、《徳が具わってこそできる事であって、》人の求め方とは異なっているのである。


【私語】

この章の問題は〝徳を得る〟ことでなかろうか。人として徳を得ることが人の真なる行動の原動力となるということだ、ともいうべきことを語っているような気がする。

徳を得た偉大な人格者は人として権力者に優越するものである。

※

常人にはできない権力者との会見をも為さしめ、政の見聞を広めることが出来るのも、一目を置かれる存在にも成り得るのも人として得た徳のためである。遠回りをしても、人として先ず徳を得ておかなければ、人として正しい行動を起こすことはできない。

学而一一

子曰く、父在《いま》すときは其《その》志を観、父没するときは其行を観よ。三年父の道を改むるなき、孝といふべし。

【学習】

■観＝よく見る・観取・心中に思い浮かべて本質をさとる

【我流訳】

父の存命中にあってはその志を肌に感じよ、父の没するときはその挙動を思い起こせ、三年間、父の《生き様を偲んでその》道を順守せよ、それを孝と云う。

【私語】

大概の人はその親のなにがしかを受け継ぐものである、生き方であったり生業であったり、世間体であったりするものである。没後三年間は、親の愛情に報いよ。

※

親孝行したいときに親は無し、を実感するときが孝の最たるものかもしれない。吉川英治氏の著書『宮本武蔵』の文中にあった仏説父母恩重経を思い出す。

学而一二

有子曰く、礼の用は和を以て貴しと為す、先王の道もこれ（和）を美《よし》となす。〔然れども〕小大〔の事〕、之に由るも行はれざる所あるは、和〔の貴き〕を知って和せむとするも、礼を以て之を節せざれば亦行ふべからざるなり。

【学習】

■用＝もって　■和＝やわらぐ・なごむ
■先王＝昔の聖天子
■美＝ヨシ・好・良・善・佳――正しい・善である・巧みである
■礼＝礼儀作法・立ち居振る舞い・儀式・謙譲の心のともなった所作
■由＝よる・手本とする・理由・経る　■節＝控え目にする・ほどよい

【我流訳】

有子曰く、礼は和を以て貴しとなす、昔の聖天子の道も和を以て善しとしてきた、しかし、小大のことでこれを手本としても動きのとれないことがある、和の貴さを知って和を実現しようとするのは善いとしても、礼によって和することを節制しないことには、やはり和を実現することはできない。

【私語】

共同生活において大切なことは融和である。しかし野放しに和を目指すと狎れ合いに成りかねない。親しき仲にも礼儀ありという。それは礼によって態度・形式として表現しなければ和が実現できないということ。挨拶や使うべき敬語などその他親しき仲にも礼によらねばならないことがある。礼は和することを以て貴しとするが、和することもまた礼を離れては実現できないということ。

学而一三

有子曰く、信義に近きときは、言《こと》復《ふ》むべきなり。恭礼に近きときは恥辱に遠ざかるべきなり、因《したし》むところ其親を失《うしな》はざるときは亦宗《たふと》ぶべきなり。

【学習】

■信＝言行の一致・まこと・嘘を言わない・相手の言を疑わない・約束を守って他人を欺かない・信用・信頼
■義＝正しい・道にかなっている・正義・人道のために尽くすこと
■復＝報いる・ふむ・実行する　■恭＝つつしむ・うやうやしい
■恥辱＝はじ・はずかしめ　■因＝従う・縁がある・原因
■親＝したしい・ちかい・親近・血縁を犠牲にしない親しみ――父子の親

※

信とは約束を厳守すること。

言必ずしも信あらず、唯、義のある所に信を守る――武内義雄『論語之研究』

【我流訳】

有子曰く、信《友情》も義《道義》に近いものであれば交わした言《約束》は厳守されなければならない。恭しさも人に諂うものでなく礼に近いものであれば人から辱めを受けることはない。《友との》親しみも親《父子の親の道》を失わざる《親孝行の妨げにならない》ものであれば尊ぶべきことである。

【私語】

所謂お友達に終わらぬ友情、義に近づけて約束は守れ、狎れ合いに終わらぬ恭しさ、礼に近づけて徒労に終わらせるな、付き合いが近すぎて親をほったらかしにするな、など学徒の交流のあり方を云ったもの。約束を守って狎れ合いは慎むべきであるということ。

学而一四

子曰く、君子は食飽《あか》むことを求むるなく、居安からむことを求むるなく、事《わざ》に敏《と》くして言《こと》を慎み、有道に就《つ》いて正す、学を好むといふべきなり。

【学習】
■君子＝上級官吏・上役・学徳のある人
■敏＝勉める・機敏・すばやい　■有道＝人格者・道徳を身に備えている人

【我流訳】

君子は満腹に食べることを追い求めることなく、住み良さの贅沢を追い求めることなく、職務に励んで言葉を慎み、徳を修めた人に就いて常に己の偏見を正していく。《それでこそ》学問を好む《忘れない》者と云うことができる。


【私語】

学問を修め仕官が成ったとしても、官吏として一層の努力をすることは勿論、学問を忘れてはならない。学・行の一致を怠るな、ということか。

学而一五

子貢曰く、貧しくして諂《へつら》ふことなく富みて驕ることなきは何如《いかん》。子曰く、可なり、〔然れども〕未だ貧しくして道を楽しみ、富みて礼を好むものには若《し》かざるなり。子貢曰く、詩に「切するが如く、磋するが如く、琢するが如く、磨するが如し」といへるは、それこの謂か。子曰く、賜や始めて与に詩をいふべきなり、これに往《す》ぎにしことをつぐれば来《きた》らむことをも知るものなり。

【学習】
■諂＝ヘツラう・心にもないことを云う・おもねる・こびる
■驕＝オゴル・いばる・たかぶる　　■可＝よい、まあよい、よいところ
■往＝ゆく・以前に・過去・過ぎ去る　■告＝つげる・おしえる・しらせる
※
■切する＝骨や角を刃物で切る・磋する＝やすりで磋く・琢する＝玉や石を槌で打つ・磨する＝石で磨く
■切磋琢磨＝学問、道徳を勉め励んで止まぬこと――『漢語林』

【我流訳】

子貢曰く、貧しくとも諂うことなく富みて驕ることもないようにすることはいかがでしょうか。子曰く、それも可《悪い事ではない》であろう、しかし、貧にあっても道を楽しみ、富にあっても礼を好むものには及びもつかぬ。《学に志すものは貧富に心を奪われていてはいけないのだ。》子貢曰く、詩に「学問、道徳の修得を勉め励んで止まぬこと」と、あるはこの意味ですか。子曰く、《その通りである。》賜や初めて共に詩の心を語り合えたな。《詩を学べば》先に一つの話をしておくと、これから話そうとすることをも引き出して理解してしまうものである。

【私語】

貧しかったらお金持ちへのおべっかを止めようと努力し、富を得たならば人に威張り散らさないように努力するということは悪いことではないが、所詮、貧しいか富んでいるかのことである。であるならば貧であろうと道を楽しみ、富めるであろうと礼を好むものでなければならない。すなわち道も礼も貧富に因るものではない。貧富に囚われていてはならないのだ。

学問、修徳の道は勤め励んで止まぬ久遠の道である。

※

単純に、富て驕ることなきは、「衣食足りて礼節を知る」に似る。だがそういう話ではない。それどころか富みて礼を好むことは難しいことだと説いている。憲問一一では、貧しくして怨むなきは難く、富みて驕るなきは易し。と説き、述而一一では富にして求むべくんばと云って、富は人の道として第一義をなすものではないと説いている。

銭社会とは違う。富は求め続けなければ、守り続けなければ存続しない。よってこれを守るに鬼と成れば、人には成れぬということ。

切磋琢磨は努力の代名詞でなかろうか。だが凡人の努力に当てはまるかどうか。

これに往《すぎ》にしことをつぐれば来《きた》らむことをも知るものなり。

は一所懸命に学問に励めば、知恵の引き出しが多くなるということだと思うがどうだろう。

学而一六

子曰く、人の己を知らざるを患へず、知られざるを患へよ――「経典釈文」

【我流訳】
人に己の名声を得られないことを憂えていてはならない、名声を得るだけのものを持たないことこそ憂えよ。

【私語】
学問の目的は己の名利にはないということ。

※

孔子が学而一に於いて説きながら再度ここで説くにはやはり格別な意味があるのであろうと思う。人倫の道は無報酬の久遠の道である、その道は己の名利のためにあるものではないことを強調したものと思う。

※

この章は、教本とした武内義雄博士の著書『論語』では、子曰く、人の己を知らざるを患へず、人を知らざるを患へよ。であるが、意味が諒解しにくいので「経典釈文」を引用させてもらったことを記しておく。

二の三　学問と知識

学問に当たって、その知識は正しく確かなものとして身に得なければならない。

為政一一

子曰く、故《ふるき》を温《あたゝ》めて新《あたらしき》を知る、以て師と為すべし。

【学習】

■故＝ふるい事柄・ならわし　■温＝あたためる・たずねる・よみがえらせる

■新＝あたらしくする・刷新　■温＝習熟の意——武内義雄『論語』

【我流訳】

古の人々の労苦や叡智に精通しながら《併せて》新しいことをも知っていくことができる《人は、人の》師となれる人である。

【私語】

昔のやり方、知恵に無知であってはならない、むしろ古を知ってこそ今世の新しさを知ることができる。だがそのあまり、古いことのみに、新しいことのみに惹かれていってはならない、両者を兼ね備えられれば人の師と成り得る。

為政一五

子曰く、学びて思はざれば則ち罔《くら》く、思ひて学ばざれば則ち殆《まど》ふ。

【学習】

▪罔＝モウ・くらい・おろか・しいる　▪殆＝タイ・あやうい・危険・おそれる

【我流訳】

他から学ぶばかりで自分で深く考えてみなければその知識は自分のものとならない、自分で一所懸命に考えるだけで他に学ばなければ、その知識は独善に陥る。

【私語】

学問は書物に学ぶばかりでも、一人で思索ばかりをしていてもうまくいかないものだ。学びと思索を繰り返し、知識は正しく確かなものとして身に得なければならないと云うこと。

※

衛霊公三一、子曰く、吾嘗て終日食はず、終夜寝ねず、以て思ひしかども益なかりき、学ぶに如かざるなり。【我流訳】私はかつて、昼夜食わず寝ずに思索に没頭したが何も得られなかった、学問に励むに勝るものはない。

為政一六

子曰く、異端を攻《せ》むるは斯《すなは》ち害あるのみ。

【学習】

▪異端＝正しくない道　　▪攻＝せめる・とがめる・おさめる・研究する・学ぶ

【我流訳】

自分と異なった考えをもつ者をただ攻撃、非難するだけは何の益も得られない。それどころか弊害をもたらす。

【私語】

大事なのは違った意見、考えがあることを知ることだ。異説も考え方、見方を変えれば新しいことを発見させてくれる。

為政一七

子曰く、由よ汝に知ることを誨へむか、知れるを知るとなし、知らざるを知らずとせよ、是れ知るなり。

【学習】

・由＝孔子の弟子――仲由・子路（季路）（姓チュウ名ユウ字シロ又キロ）

【我流訳】

由よ汝に知ることを教えよう、《自分の心に正直となって、》知っていることを知るとなし、知らないことを知らずとせよ、これが知ることである。

【私語】

自分が知っていること、知らないことに自らに正直であれ、これが知ることである。賢ぶって物をいうことは恥である。知らないことは、知らないと言うことができなければならない。

※

知らないということを知ること、それが〝知る〟ことである。

為政一八

子張禄を干《もと》むる〔道〕を学《と》ふ。子曰く、多くを聞きて疑しきを闕《か》き、慎みてその余を言へば尤寡《あやまちすくな》く、多くを見て殆《うたがは》しきを闕き、慎みてその余を行へば悔《くい》寡し、言尤《ことあやまち》寡く、行悔寡ければ禄はその中にあり。

【学習】

■子張＝孔子の弟子――顓孫 師 子張（姓センソン名シ字シチョウ）
■干＝もとめる・いくばく・おかす

■禄＝扶持・俸給・さいわい

■闕＝ケツ・欠く・除く

■尤＝ユウ・異なる・とがめる・うらむ

■殆＝あやうい・あやふや・うたがう

【我流訳】

子張が扶持米を求める道を問う。子曰く、多くのことを聞いて、疑問に思うことを棄てていき、棄てきれなくて残ったことを良しとして、それを慎重に言葉にしていけば、過ちは少なくて済む。多くのことを見て、疑わしいところは棄てていき、棄てきれなくて残ったことを良しとして、慎重に実行していけば失敗することは少なくて済む。言葉に過ちが少なく、行いに失敗が少なければ、禄は向こうからやってくる。

【私語】

多くの人から見聞を集めて、自分でそれを噛み砕き確かな知識を得ること、そして曖昧なことを言わないこと、自信のない行動をしないこと。仕官に有りつきたいのであれば、人として知識を確かなものとし、言動を正しくしておけということ。

二の四　君子への道、修徳――徳語章

徳語章　その一

道の実現の為には学問と同様修徳に励まねばならない。己を磨かねばならないのである。徳は学問と同じく修得せねばならぬものである。その徳とは何か、孔子はそれを説くことは無い。だが政治に関してはその効能を説く。

為政一

子曰く、政を為すに徳を以てすれば、譬へば北辰のその所に居て、衆星之を共《めぐ》るが如し。

【学習】

▪北辰＝北極星　▪共＝向かう・めぐる――武内義雄『論語』

【我流訳】

政を為すに徳を得た人がすれば、たとえば北極星を中心として他星が回り廻るがごとく、衆は為政者に従っていくことであろう。

【私語】
政治は徳を得た人が為すのが理想である。よって為政者が先ず徳を得ること、その徳をもって政が為されれば、民も自ら為政に協力を惜しまないであろうと云うこと。

為政三
子曰く、之を導くに政を以てし、之を齊ふるに刑を以てすれば民免れて恥なし。之を導くに徳を以てし、之を齊ふるに礼を以てすれば、恥ありて且つ格《たゞ》し。

【学習】
■政＝労役・法律・規則
■恥＝気が咎める
■格＝正す・改める
■齊＝ととのう・ひとしい
■刑＝罰をくわえる・おきて・とりしまる

【我流訳】
民を導くのに権力を強化し、民を治めるのに刑罰を強化すれば、民はその網を潜り抜けようとして恥じることもないだろう。しかし民を導くのに道徳をもってし、民を治めるのに礼をもってすれば恥を知って居を正すに違いない。

【私語】

民を導くには道徳をもってし、民を治めるには君主と云えども礼を以てせねばならぬ、ということ。

里仁一一

子曰く、君子徳を懐《おも》へば小人土を懐ひ、君子刑を懐へば小人恵を懐ふ。

【学習】
▪君子＝官吏・小人＝人民――武内義雄『論語』
▪懐＝おもう・ふところ・いだく　▪刑＝罰をくわえる・とりしまる
▪恵＝めぐむ・情けをかける・めぐみ・ほどこし・与える

【我流訳】

君子《上級官吏》が修徳に親しめば人民は《安心して》耕作に汗を流す、君子が《民の使役に》刑罰をはかれば人民は報酬を思う。

徳語章　その二「修徳」

再・学而九

曾子曰く、終を慎しみ遠を追へば、民の徳厚《あつき》に帰せむ。

【我流訳】

曾子曰く、《上に立つ人が物事の締めくくりや完了、結果など》終わりに重きを置いて、将来の善い結果を追うことができれば、民の自ら徳を得ようとする心情を厚くできるだろう。

【私語】

上に立つ人は、人々の目先のことより先々の結果、将来のことを見据えて行動をせよということ。理想や希望を民に与えることができる人に導かれれば民は自然に徳を得た善人への心情を厚くすることだろう。

里仁二五

子曰く、徳孤《ひとり》ならず、必ず鄰《となり》あり。

【我流訳】

徳を得た人は一人にはなれない、必ず傍に誰かが居る。

【私語】

徳を得た人は人に慕われるものだ。徳を得た人の所へは自然に人が集まってくるということ。

雍也二九
子曰く、中庸の徳たるそれ至れるかな、民久しくする鮮し。

【学習】
・中庸＝四書の一つ・中正で過不及のないこと――『漢語林』

【我流訳】

中庸の道を修めた人の徳が至徳である、これを得た人は久しく見ていない。

述而六
子曰く、〔士は〕道に志して徳に據り、仁に依りて芸に遊ぶ。

【学習】

■士＝役人・中堅役人・つわもの・道に志すひと
■據＝拠＝よる・すがる・たよる・よりどころとす
■依＝よる・もたれかかる・従う・準ずる
■芸＝わざ・才能・芸術・六芸

【我流訳】

志高き人は、大道に志を立てて、自らの得た徳をその原動力とし、仁を支えとして、芸を楽しみとする。

述而二二

〈孔子宋にゆく、桓魋之を悪みて殺さむと欲す〉、子曰く、天徳を予《われ》に生《な》せり、桓魋それ予を如何せむ。

【学習】

■桓魋＝カンタイ・宋の大夫・孔子を殺そうとした――『漢語林』

【我流訳】

天《の加護》により自分には修得できた徳がある、桓魋が私を殺そうとしても《私の得たこの徳までも》殺すことはできまい。

【私語】

死しても残るは得て持った徳、徳こそが人生の最高の遺産ということ、無理があろうか。

泰伯一

子曰く、泰伯はそれ至徳といふべきなり、三たび天下を以て譲れるも、民徳として称するなし。〔是れ至徳たる所以なり〕。

【学習】

■泰伯＝タイハク・周の大王の長子、末弟季歴に国を譲る為に呉に去った――『漢語林』

【我流訳】

泰伯は至上の徳を得たというべき人である、三度も天下人を譲られたが《その事は庶民に知られることなく行われた、よって》民は泰伯の徳行を知りようがなかったのでその徳を称えることができなかった。

【私語】
徳行、善行は人知れずして行われることを以て称えられるということ。

子罕一八

子曰く、吾未だ徳を好むこと色を好むが如き者《ひと》を見ざるなり。

【我流訳】
私は色《猥談》を好むように貪欲に徳を得ることに努力をしている人を見たことがない。

子路二二

子曰く、南人言へるあり、曰く、人にして恆なきときは、巫医を作て《たて》〔卜筮せしむ〕べからずと、善いかな〔この言〕。〔易に云く〕、其徳を恆にせざれば、或《つね》（常）に羞《はづかしめ》を承くと、子曰く、〔恒無き人は、易も〕占《しるし》〔験〕不《なき》のみ。

【学習】
■恆＝恒＝ふだん・日常・いつも・不変
■巫＝フ・みこ・祈禱者
■卜筮＝ボクゼイ
■筮＝うらないの道具・うらなう・竹で作った細い棒
■羞＝恥をかかせる・すすめる

■驗＝しるし・証拠・ききめ・効能

【我流訳】
南人が言っている言葉がある、人として恒常心のないものは、祈禱者も医者も為す術がないと、実に善い言葉である。易に云う、得た徳を恒常に保てなければ常に恥をかかせられると、子曰く、恒常心の無い人は易もききめが有るはずが無い、占うまでも無い事だ。

憲問五

子曰く、徳あるものは、必ず言あり、言あるものは必ずしも徳あらず、仁者は必ず勇あり、勇者は必ずしも仁あらず。

【我流訳】
徳を得た人には必ず善言がある、善言が有るからといって必ずしも徳を得た人とはいえない、仁を得た人には必ず勇気がある、勇気が有るからといって必ずしも仁を得た人であるとはいえない。

【私語】
徳を得ることは必ず追随する得べきものがあるということ。

憲問三五

子曰く、驥《き》は其力を称せず、其徳を称するなり。

【学習】

■驥＝キ・優れた馬・一日に千里を走るという良馬＝才能のすぐれた人物のたとえ・俊才――『漢語林』

【我流訳】

名馬はその力《走力》を以て称えず、その徳《名馬として得て持った徳・優れた品性》こそ称えられるものである。

【私語】

俊才はその才知を以て称えず、その徳《人として身に得て持った徳・善き人格》こそ称えられるものである。

※

人は何者に成り得ようとも、その徳を以てして成らねばならぬということ。無理があろうか。

憲問三六

或ひと曰く、徳を以て怨に報ぜば何如《いかん》。子曰く、何を以てか徳に報ぜむ、直きを以て怨に報じ、徳を以て徳に報ぜよ。

【学習】
■徳＝めぐみ・恩恵・行為・働き・作用
■恩＝めぐみ・なさけ・いつくしみ　　■報＝むくいる・恩返しをする・しかえしをする

【我流訳】
或人が言った、徳を以て人の怨みに報いたらいかがでしょうか。子曰く、では徳には何を以て報いるのか、正しさによって人の怨みに報い、徳《恩》によって徳《恩》に報いることである。

【私語】
人から怨みを受けて恩を返せば、人から恩を受けて怨みを返さねばならないことになる。そんな馬鹿げたことは無い。人から怨みを受けたならば人としての正しさを返し、人に恩を受けたならば恩で返すことである。

衛霊公四

子曰く、由よ、徳を知れる者鮮《すくな》し《ひと》。

【我流訳】
由よ、徳を知って身に得ようとする者は少ないと思わないか。
【私語】
徳とは何か。孔子は徳とはこれこれ・しかじか、のものであると説くことは無い。

衛霊公一三

子曰く、已《や》んぬるかな、吾未だ徳を好むこと色を好むが如くする者《ひと》を見ざるなり。

【我流訳】
嘆かわしいことである。人は徳を得ることにどうして一所懸命に成れぬのであろうか。

衛霊公二七

子曰く、巧言は徳を乱り、小さきこと忍ばざれば則ち大いなる謀を乱る。

【学習】
■乱＝みだれる・秩序がない

【我流訳】
言葉を巧みに飾れば徳に遠ざかる、小事を大問題としていては大なる計画に遠ざかる。

季氏一二

〔詩に云く「誠に富を以てせず、亦祇《まさ》に異を以てす」と、孔子曰く、〕齊の景公〔馬を好み〕馬千駟（四千疋）を有せしも、死せる日、民徳として称《ほむ》るなく、伯夷叔齊首陽の下に餓《うゑ》て、民今に至るまでこれを称《ほむ》るは、それこの謂《いひ》か。

【学習】
▪駟＝四頭立ての馬車の馬　▪祇＝ギ・まさに。ただ・広く神をいう・地の神
▪異＝すぐれている・別にする・区別する

※
伯夷・叔齊＝ハクイ・シュクセイ・兄の伯夷と、弟の叔齊。ともに、殷末周初の賢人。兄弟ともに、国主を譲り合う。武王が殷の紂王《ちゅうおう》を討とうとするのを諫て聞かれず、首陽山にかくれ住んで餓死した。――『漢語林』

【我流訳】
詩に云う、「まことに富を以て行わず、まさに富とは異なるを以て行う」と、孔子曰

く、斉の景公は馬を好んで、四千頭もの馬を持っていたが、《民に恩恵を与えようとはしなかった。そのために、》死んだとき、民から徳者として称えられることはなかった、伯夷・叔齊は《仁を求めて仁を得》首陽の地で飢え死にしたが、民が今日に至るまでその徳を称え続けているのは、詩に謂われている通りである。

【私語】

人の上に立つものが、自らの富に執着していては人が称えることは無い、富に異（反対）なる自らの得て持った徳による行いがあってこそ称えられる。

陽貨一三

子曰く、郷原《きやうげん》は徳の賊《ぞく》なり。

【学習】

■原＝愿＝つつしむ・実直・善い　■賊＝そこなう・害する・ぬすむ

■郷原＝善良を装い、郷中の好評を得ようとつとめる小人――『広辞苑』

■郷原＝一郷の人に皆善しと称せらる八方美人を郷原という――武内義雄『論語』

【我流訳】

（一郷の人に皆善しと称せらる八方美人の）田舎の無学な小人は、徳の害人である。

陽貨一四

子曰く、道《みち》に聴きて塗《みち》（途）に説き〔深く考へざる人は〕徳の棄《すた》れたるなり。

【学習】

■塗＝どろ・ぬかるみ・ぬる・みち＝道路＝途

【我流訳】

通りすがりに《善いことを》聞いて深く考えることも無く、通りすがりに直ぐそれを人に請売するは、徳を棄てているようなものである。

子張二

子張曰く、徳を執ること弘《おほい》（大）ならず、道を信ずる篤《あつ》からずんば、焉ぞ能く有りとなさむ、焉ぞ能く亡《な》しと為さむ。

【学習】

■執＝手に取る・守る・執り行う　■弘＝弘大・ひろめる

■篤＝てあつい・誠実である・熱心である

【我流訳】
子張曰く、《自らに》徳を得ることに大した熱意もなく、人には為すべき道があることを微塵も信じられぬ人は、居ても居なくても構わない。

徳を得ることの大成として、

子張一一

子夏曰く、大徳は閑《のり》（法）を踰えず、小徳は〔或は法を〕出で、〔或は法に〕入るも〔猶〕可なり。

【学習】
■閑＝しきり・法・規則・法則　■踰＝ユ・こえる・通り過ぎる・とびこえる

【我流訳】
子夏曰く、徳を得ること大いなる人は矩を踰えることはない、徳を得ること小なる人は、矩の境を出たり入ったりする。

【私語】
大徳は閑《のり》を踰えず、は孔子七十の境地。

小徳――徳を得ること小なる人は未だ迷いから脱却し得ていないから、矩の垣根を出たり入ったりするも止むを得ぬことだということ。

徳語章　その三「孝」

学而六、入りては則ち孝、出でては則ち弟（悌）、の孝・弟（悌）が仁の本であることは学而二において説かれた。その〝入りては則ち孝〟の〝孝とは何か〟が説かれたのが学而一一、家に在っての孝は、所謂家族道徳である。仁の本はこの家族道徳が土台である。

再・学而一一

子曰く、父在《いま》すときは其《その》志を観、父没するときは其行を観よ。三年父の道を改むるなき、孝といふべし。

【我流訳】
父の存命中にあってはその志を肌に感じよ、父の没するときはその挙動を思い起こせ、三年間、父の《生き様を偲んでその》道を順守せよ、それを孝と云う。

孝語章

孝の心得として肝に銘じておかねばならぬこと、親に逆らうときは穏便にすること、だが敬を忘れずに仕え、親の万一に間に合わぬことの無いこと、親の老い状を常日頃知っておくこと。

里仁一八

子曰く、父母に事へて幾《やうやく》に諫め、志の従はれざるを見ては又敬《つゝし》んで違《たが》はず、労《うれ》（憂）へて怨みざれ。

【学習】

▪幾＝キ・いく・きざし・おだやかに・それとなく

▪諫＝カン・いさめる・人の過ちをただす・忠告する

【我流訳】

父母に仕えて、反抗することもあるだろうが穏便にすることだ、聞き入れてもらえなくても敬意をもって仕え、言い付かった仕事は怨んで怠けてはならない。

里仁一九

子曰く、父母在《い》ますときは遠く遊ばず、遊ぶに必ず方《つね》（常所）あるべし。

【学習】

・在す＝イマス・在る、居るの尊敬語・おいでになる

【我流訳】

父母がご健在のときは、長の不在は慎むこと、出かけるときは必ず行き先を告げておくこと。

里仁二〇

子曰く、三年父の道を改むることなき、孝といふべし。

【我流訳】

《父の没後は》三年間、父の生き様を偲んでその道を順守せよ、それを孝と云う。

【私語】

学而一一に同語あり。

没後三年間は、親の愛情に報いよ。

※

陽貨二一、……子曰く、予（宰我の名）の不仁なる、子生まれて三年、然して後父母の懐《ふところ》を免《まぬか》る、夫れ三年の喪は天下の通喪なり、予も三年の愛其父母にあるべし。

里仁二一

子曰く、父母の年は知らざるべからず、一つは則ち以て喜び、一つは則ち以て懼る。

【我流訳】

両親の年は忘れてはならない、齢を重ねるたびに健在を喜び、万が一を心配しなければいけない。

徳語章　孝問章

為政五

孟懿子孝を問ふ、子曰く、違ふなかれ。樊遲御たりしとき、子之に告げて曰く、孟孫孝を我に問ひしかば、我対へて違《たが》ふなかれといへり。樊遲曰く何の謂ぞや。子曰く、〔父母〕生けるときは事ふるに礼を以てし、死せるときは葬るに礼を以てし、祭るに礼を以てすべし〔との謂なり〕。

【学習】

■孟懿子＝モウイシ・魯の国の家老、魯の国には孟孫・叔孫・季孫の三家老の家があって孟懿子は孟孫の家の出――吉川幸次郎『論語』

■樊遅＝孔子の弟子――樊　須・子遅・樊遅（姓ハン名シュ字シチ通称ハンチ）

■御＝馭者　　■孝＝よく父母に仕える

【我流訳】

孟懿子が孝を問う。子曰く、違うなかれ《間違われないように》。樊遅が師の馭者をしている時、先生が樊遅に言われた、孟孫に孝を尋ねられたので、私は答えて、違うなかれ《間違われないように》とだけ言っておいた。樊遅がその意味を尋ねると、先生が言われた、父母の存命中には礼を以て仕え、死せるときには礼を以て葬り、祭祀にも礼を以てすること。《この謂いは、父母への礼を持たぬ者は礼を持って仕えることが孝となるということだ。》

【私語】

孝とは何かを説かず問者の為すべき孝を答える。父母への礼を持たぬ者には礼を以て父母に仕えることが孝であると説く。これは和辻哲郎氏の説（著書『孔子』）。以下孝の説は同じ。

為政六

孟武伯孝を問ふ。子曰く、父母〔のためには〕唯《たゞ》其疾あらむことをこれを憂へよ。

【学習】

■孟武伯＝モウブハク・孟懿子の子――吉川幸次郎『論語』

■疾＝シツ・やまい・急性や悪性の病気・病気になる

【我流訳】

孟武伯が孝を問う。子曰く、父母を慈愛して常に病の発症を心配せよ、《病の発症や急変に注意を怠らないことが貴方の為すべき孝です。》

【私語】

老弱・病弱の父母を持つ身であれば急な病気の発症や急変を心配せよ。

為政七

子游孝を問ふ。子曰く、今の孝は是《たゞ》（祇）能く養ふを謂ふ、〔然れども〕犬馬に至るまで皆能く養ふあり、敬せざれば何を以てか別たむ。

【学習】

■子游＝孔子の弟子——言偃・子游（姓ゲン名エン字シュウ）

■養＝やしなう・そだてる・養育・扶養する

【我流訳】

子游が孝を問う。子曰く、今の孝は父母に衣食を与えることが孝だと思っている。養うというだけなら犬馬とて同じである。尊敬の念がなければ犬馬と何を以て分け隔てられよう、《敬のない其方《ソナタ》は両親を尊敬して扶養することが孝となるのだ。》

為政八

子夏孝を問ふ。子曰く、色《かほいろ》〔を和らげて事へまつること〕難し。事《こと》あれば弟子其労に服し、酒食あれば先生に饌《そな》ふるは〔是れ師弟の道のみ〕。曾《すなはち》是以て孝と為《な》さむや。

【学習】

■饌＝そなえる・食物をそなえる・たべる・食物

【我流訳】

子夏が孝を問う。子曰く、《両親の前で四六時中》顔色を和らげて仕えるのは難しいことである。しかし事あれば弟子は労に服し、先生に酒食のお世話もするけれど、それは師弟の道に限ったことである。そのように義務的に親の世話をすること、それを以て孝とすることはできない。《そなたが顔色を和らげて従順な気持ちを表して、事あるごとに嫌な顔をせずに労すれば、両親もきっと喜ぶことだろう。それがそなたの為すべき孝となるのだ。》

【私語】
事あるごとに嫌な顔を一つもせず、進んで仕事に汗を流し、進んで食事の世話をするのがそなたの孝となるのだ。

※

孝問の四章——和辻哲郎博士は、この孝問章をして、「これらの問答は孝の意義を明らかにするよりも一層多く孔子の〝説き方〟を明らかにしたものである。」と述べられている。孔子のこうした〝説き方〟は、随所に隠されている。注意すべきことのようである。

※

道元もまた孔子の説き方に着目して〝孔子の説き方〟の説法を行なっている。

孝徳

閔子騫の孝徳は真に得難い徳である。

先進五

〔閔子騫の母死して其父更に娶る、後母二子を生みて子騫を遇する酷《むご》し、其父、之を出さむと欲せるも子騫諫めて之を留め、之に事へて彌謹めり。〕子曰く、孝なるかな閔子騫、人その父母昆弟を間《そしる》の言あらずと。

【学習】

■閔子騫＝孔子の弟子――閔 損・子騫・閔子騫（姓ビン名ソン字シケン通称ビンシケン）
■間＝あいだ・そしる・悪口をいう　■昆弟＝兄弟
■彌＝弥＝ビ・ミ・久しい・いよいよ・続いている

【我流訳】

閔子騫の母は後妻で二子をもうけて、閔子騫に酷い仕打ちをした、そのため閔子騫の父が母を離縁しようとしたが、閔子騫はその父を諫めて母を留めた、その後もその母に仕えて、いよいよ恭しくした。

子曰く、孝徳を得たる者なり閔子騫、人は閔子騫の家族を謗る言葉がなかったと。

【私語】

実母であっても酷い仕打ちには耐え難い、義母でありながらそれを許して、なお恭しく仕えることなど並みのものにできることではない。

閔子騫の孝徳のゆえ、人はその家族を謗ることはできなかった。

二の五　君子への道、修己語章

為政一〇

子曰く、其以《な》（為）す所を視、其由《ふ》（經）る所を観、其安んずる所を察《み》るときは、人焉んぞ廋《かく》さむや、人焉んぞ廋《かく》さむや。

【学習】

■以＝為すこと・行動　■由＝よる・経る・態度

■安＝楽しみ・好み　■廋＝かくす

■視＝注意して見る・よく見る　■観＝見ようと意識して見る・調べて見る

■察＝調べ見る・詳しく知る・おしはかる

【我流訳】

人の行いをよく見、その態度をよくわきまえ、その好みを推し量れば、その人の人柄が見て取れる。人はどうしても人格を隠すことはできないのだ。

【私語】

人格は自ずと言動に表れる、行いのしぐさ、ものの言いよう、何を楽しみとしているか、そんな様子からその人の人格が分かるものである。

※

人焉んぞ廋《かく》さむや、人焉んぞ廋さむや、と強調しているところから、人格を見抜く眼力をもて、逆にどこに眼力のある人がいるか分からない、軽率な言動は慎め、とでもいっているかのごとくである。無理があろうか。

為政二二

子曰く、人にして信なければ、その可なるを知らざるなり、大車輗なく、小車軏なくんばそれ何を以てか之を行《や》らむ。

【学習】

■信＝言行の一致・嘘を言わない・相手の言を疑わない・約束を守って他人を欺かない・信用・信頼・まこと

■大車＝牛車　■小車＝小さい馬車

■輗＝ゲイ・くさび　■軏＝ゴツ・くさび

【我流訳】

人として信《社会的信用・信頼》が《得られ》なかったならば、人として立つことはできぬ、世の中を渡っていくことはできないのだ。大車の輗、小車の軏がなかったならば、どうして車が動き得よう。


【私語】

大車の輗、小車の軏がなかったならば、車が動き得ないのと同じように、人として信がなかったら世の中で活動のしようがないということ。

為政二四

子曰く、其鬼に非ずして祭るは諂《へつら》ふなり、義を見て為《せ》ざるは勇なきなり。

【学習】
■鬼＝死人の魂・霊祭＝神や祖先をまつる

【我流訳】

祖先でないものまで祭ることは諂うことである、《祭りの道に外れている。》義《正義》を見て為《せ》ざるは勇気が無いということである。《人の道に外れている。》

【私語】

道に外れたことはするが、道に適ったことはできない。

※

勇気は徳目であろうか。

五倫・五常の徳目の中にはない。

五倫――君臣の義・父子の親・夫婦の別・長幼（昆弟）の序・朋友の信

五常――仁・義・礼・智・信は徳性――和辻哲郎『倫理学』

憲問五、仁者は必ず勇あり、勇者は必ずしも仁あらず。

子罕三〇、子曰く、智者は惑はず、仁者は憂へず、勇者は懼れず。

※

勇気は、義の為に行われるのでなければ、徳の中に数えられるに殆ど値しない――新渡戸稲造『武士道』（岩波文庫）

※

中庸は知・仁・勇の三者を三達徳と説く――武内義雄『論語之研究』（岩波書店）

※

三達徳＝どんな場合にも一般に通ずる三つの徳、即ち智・仁・勇――『広辞苑』

※

智・仁・勇の三徳は理想的な治者に不可欠な要件である――和辻哲郎『徳の諸相』

八佾二六

子曰く、上に居て寛《ゆたか》ならず、礼を為《な》して敬《つゝし》まず、喪に臨んで哀《かなし》まずんば、吾何を以てか之を観むや。

【我流訳】

人の上にあって《小過を許せる》寛容寛大な心もなく、礼を為すに人を尊敬する心も無く、葬儀に参列しながら悲しむこともなかったら、私は何を以て人の観どころとしたらよいのか分からない。

【私語】

人の上にあっては寛容・寛大で小過を許せるものでなければならない。礼を為すには人を敬って真心を込めて行えるものでなければならない。葬儀に於いては哀悼の心、深きものでなければならない。

里仁九

子曰く、士道に志して悪衣悪食を恥づるものは與《とも》に議《はか》るに足らざるなり。

【学習】

■士＝職務・役人・兵士・知識人・さむらい・立派な男子

■與＝与

■議＝はかる・考える・話す・意見・非難する

【我流訳】
男子たる者、道に志を立てて悪衣悪食を恥じていては共に道を語り合う資格はない。

【私語】
道に志を立てたものが、道ならぬ奢侈贅沢を思っていては言語道断である。不足を言うなということだと思う。

里仁一二

子曰く、利に放《よ》（依）りて行へば怨多し。

【我流訳】
自分だけの欲得だけで行動するものは、誰からも怨まれやすい。

【私語】
利己主義は、いつも人の怨みを買うものである。

里仁一四

子曰く、位なきを患へず、立つ所以を患へよ。己を知るなきを患へず、知らるべきを為さむことを求めよ。

【学習】

▪位＝官職などの階級・身分・地位

【我流訳】

身分の無いことを憂えてはならない、身分を得られるほどの人間となるにはどうすれば善いかを考えよ。己の名声がないことを憂えてはならない。黙っていても名声が得られるような行いをすることだ。

里仁一七

子曰く、賢《さかしき》を見ては齊《ひとし》からむことを思ひ、不賢《さかしからぬ》を見ては内に自ら省みよ。

【学習】

▪齊＝ひとしい・同じである・つとめる・おこたらない

【我流訳】

賢者を見てはそうなりたいと励み、不賢者を見てはああはなりたくないと自らを省みろ。

【私語】
上を見て精進せよということか。

里仁二二
子曰く、古の者《ひと》の言を出さゞるは、躬の逮《およ》ばざらむことを恥づればなり。

【学習】
■躬＝身体・みずから・みずからする　■逮＝タイ・およぶ・追う・とらえる

【我流訳】
古の人々が、物言いを控えていたのは、自ら言ったことが実行できないことを恥としていたからである。

【私語】
言行一致は人に信を得ることである。言行不一致は逆に人に不信を買うことになる。

里仁二三
子曰く、約《やく》（倹約）を以て失《あやま》（過）つものは鮮《すくな》し。

【学習】
■約＝むすぶ・倹約する・節約する・ひきしめるの意味

【我流訳】
身を質素に引き締めていくものに《道に》過つ者は少ない。

【私語】
贅沢等への欲を節していくことができれば道に過つことは少ない。むしろ道には得るものである。

公冶長二八

子曰く、已《や》んぬるかな、吾未だ能く其過を見て内に自ら訟《せむ》るものを見ざるなり。

【学習】
■訟＝ショウ・うったえる・責める　■已《や》んぬるかな＝もうおしまいだ

【我流訳】
私は《他人の》過ちを見て、内に《自らの過ちとして》己を責める人を見なくなってしまった。もうおしまいだな。

【私語】
人の振り見て我が振り直せということだと思う。無理があろうか。

雍也一七
子曰く、誰か能く出づるに戸に由《よ》らざらむ、何ぞ斯道に由る莫《な》き。

【学習】
▪由＝よる・たよる・経る　▪莫＝日暮れ・ない・なかれ

【我流訳】
誰でも《家から》出て行くのに戸を開けないものはいない、なのに、なぜ人は、《同じ世の中に出ていくというのに、》この《人の》道《という戸》は開けようとしないのであろう。

【私語】
誰にでもこの道の戸口を開けて欲しいという願望なのか、誰もこの道の戸口を開けようとしないという嘆きなのか。含蓄のある言葉であると思う。

雍也一九

子曰く、人の生《いく》るは直《なほ》ければなり、罔《いつは》りて生くるは幸にして免れたるなり。

【我流訳】

人が《一生懸命に》生きていけるのは根が真っ直ぐであるからである、根が曲がったままで生きていかれるのは、たまたま命があるというに過ぎない。

【私語】

人は真っ直ぐに、正直に生きていくものである。ごまかして生きていると憂き目に遭うものである。

雍也二〇

子曰く、知るものは好むものに如かず、好むものは楽しむものに如かず。

【学習】

■好＝愛好

■楽＝たのしい・よろこぶ・かなでる・あそぶ――たわむれる

【我流訳】
知者といえども知ろうとする者には敵わない、だが知ろうとする者も知恵に遊ぶ者には敵わない。

述而三六
子曰く、奢るときは則ち不遜なり、倹なるときは則ち固《いや》し、その不遜ならむよりは寧ろ固《いや》しからむ。

【学習】
■奢＝おごる・ぜいたくする　■不遜＝おもいあがってへりくだらないこと
■倹＝つつましい・節約・まずしい

【我流訳】
《人の常というものは、》贅沢をしているときは思い上がり、貧しければ卑しくなる、しかし《人としては》思い上がるよりは卑しい方がましである。

泰伯二
子曰く、恭《うやく》しくして礼なきときは則ち労《うれ》へ、慎みて礼なきときは則ち葸《おそ》る、勇にして礼なきときは則ち乱し、直にして礼なきときは則ち絞《こゝろせは》（急）し。君子親に篤《あつき》ときは則ち民仁を興《よろこ》（喜）び、故旧遺《わす》れざるときは則ち民偸《いやし》からず。

【学習】

■労＝つかれる・ほねおり　■葸＝シ・おそれる・よろこばない
■乱＝みだれる・秩序がない　■絞＝しめる・ゆとりがない
■篤＝馬がゆっくり歩く・あつい・てあつい
■故旧＝旧知・昔なじみ　■興＝おこる・たつ・新たに生ずる
■偸＝トウ・ぬすむ・人情がうすい

【我流訳】

恭しさも礼がなければ徒労となる、慎みも礼が無ければ嫌味となり、勇も礼が無ければ暴力となる、正直も礼が無ければ窮屈となる。君主が親族に心篤ければ、民には仁心が芽生え、昔馴染みの人を忘れることがなければ民も薄情ものにはならないだろう。

泰伯八

子曰く、詩に興《おこ》り、礼に立ち、楽に成る。

【学習】
▪興＝おこる・栄える・始める・奮い立つ・立ち上がる
▪立＝さだまる・確立・固く守って動かない
▪成＝できあがる・ある状態になる・なしとげる

【我流訳】
《人の情意・心は、》詩に高揚し、礼に安堵し、楽に満たされる。

【私語】
人の情意や感情、心のことだと思う。無理があろうか。正直俺には難しすぎる。

泰伯一三

子曰く、信に篤くして学を好み、死を守りて道を善《よ》みし、危邦には入らず、乱邦には居らず、天下道あるときは則ち見《あらわ》れ、道なきときは則ち隠れよ。邦に道あるとき貧しく且つ賤《いや》しきは恥なり、邦に道なきとき富み且つ貴きは恥なり。

【我流訳】
信念を固く守って学問をし、命がけで道を精進し、危険な国には行かないこと、秩序が乱れている国からは逃げること、天下が平和であるときは世に出て仕事を為し、乱れているときは身を隠せ。国に道があるときは、世に隠れて貧しくかつ賤しくいじけていては恥である、国に道がないのに世に隠れもせず富かつ貴きは恥である。

泰伯一四

子曰く、其位にあらざれば其政を謀らず。

【学習】

■謀＝ボウ・はかる・相談する・計略であざむく・たくらみ

【我流訳】

その地位にない者はその政治に口出ししてはならない。

【私語】

その地位にないものがその仕事に口出ししてはならぬ、責任なき批判は混乱をまねくだけである。職分を越えてはならないということ。

政治に限ったことではない。各々立場、当事者とかを越えて人は物を言う。

お前の知ったことではない、お前が口出しすることではない等と叱られることである。

子罕二三

子曰く、後生をば畏るべし、焉《いづくん》ぞ来者の今に如《し》かざるを知らむや、四十五十にして聞ゆるなきは、これ亦畏るるに足らざるなり。

【学習】

■後生＝後から生まれた人　■畏＝おそれる・こわくおもう

【我流訳】

若者と侮ってはならない、誰が将来の若者を今の知恵者に劣るものなどと知り得よう、だが、四十五十になっても頭角を現せぬような者であれば畏れるに足らない。

【私語】

何時、後れて来る賢者が現れるとも限らない、追い越されないように四十、五十になっても道に学問に励み続けねばならない。あるいは四十、五十までには頭角を現せるように精進しなければならないということか。

子罕二四

子曰く、法もて之に語るときは、言《すなは》ち能く従ふなからむや、之を改むるを貴しとなす。巽もて之を與《ゆる》すときは言《すなは》ち能く説《よろこ》ぶなからむや、之を繹《あらたむ》（改）るを貴しとなす。説《よろこ》びて繹《あらた》めず、従って改めざるときは、吾之を如何ともするなきなり。

【学習】

■法＝のり・刑罰・規則・制度・模範　■語＝かたる・つげる・説く・教える

■言＝則と同義　■巽＝タツミ・ソン・ゆずる・したがう・うやまう

■繹＝エキ・糸を引き出す・尋ねる・つらなる

■法語＝正しい言葉・忠告　■巽与之言＝婉曲な言葉――『漢語林』

【我流訳】

厳罰を以て物言うときは素直に畏まって従おうとする、《そのことを》改めることを貴しとなす。やさしく言い含めて遠回しに許すときは素直に喜んでしまう、《そのことを》改めることを貴しとなす。喜ぶばかりで《自ら反省して》改めない、従うばかりで《自ら反省して》改めることができない、私は《そんな人を》どうすることもできない。

【私語】

責め立てられれば黙って従ってそれで善しと成し、やさしく許されてそれで善しと成すだけでは改めることにならない。そういう態度こそ改めるべきである。人からの忠告を受け止めて真に自らを正せるものでなければならない。

「ごめんなさい」、だけではいけないのだ。人に叱られて尚学べるものでなければならないということ。

子罕二五

子曰く、忠信に主《したし》み、己に如《し》かざるものを友とすることなかれ、過てば則ち改むるに憚ること勿れ。

【我流訳】

己の心底からの誠を尽くし人を欺かない人に親しみ、自分より劣った者を友としないことだ、過てば改めるに遠慮していてはならない。

【私語】

学而八にも同語あり。

子罕二六

子曰く、三軍〔衆しと雖も人心一ならざれば〕帥を奪ふべし、匹夫〔微なりと雖も〕志を奪ふべからざるなり。

【学習】

■三軍＝一軍1万2500人の三倍　■衆＝シュウ・おおい・多くの人・庶民

■帥＝元帥・総大将　　■匹夫＝ひとりの男・身分の低い男

【我流訳】
大軍、多しと雖も衆の心が一つにまとまっていなかったならば大将と雖も奪うことはできる、《だが、》わずか《一人》の身分の低い男と雖もその志は奪うことはできない。

【私語】
人の志は何人も害することはできない。

子罕二九
子曰く、歳寒くして、然して後、松栢の後に彫（凋）むを知る。

【学習】
■歳＝とし・毎年・一カ年　　■松栢＝ショウハク・樹齢の長い常緑樹
■栢＝柏＝ハク　　■彫＝ほる・しぼむ
■凋＝チョウ・しぼむ・しおれる

【我流訳】
季節も冬となって、初めて、松栢の葉が最後に浮彫となって残ることが分かる。

【私語】

季節も冬となって寒くなれば色々な草木は凋んでしまうが、凋んだ木々の中に松柏だけは残る。このことは冬になって分かることである。

その時何ができるかが人の真価ということ。

子罕三〇

子曰く、智者は惑はず、仁者は憂へず、勇者は懼れず。

【学習】
■惑＝まどう・みだれる・まよい　■憂＝うれえる・心配する・なやましい
■懼＝ク・おそれる・びくびくする・あやぶむ・おどろく

【我流訳】

智者は迷う所がない、仁者は憂える所がない、勇者は恐れるものがない。


【私語】

憲問三〇、参照（一五九頁）

子罕三一

子曰く、與《とも》に共に学ぶべきも、未だ與に道に適《ゆ》くべからず、與に道に適くべきも、未だ與に立つべからず、與に立つべきも未だ與に権《はか》るべからず。

〔詩に曰く〕「唐棣の華、偏としてそれ反《そむ》けり、豈に爾を思はざらむや、室是れ遠ければなり」と、子曰く、未だ之を思はざるなり、〔もし誠に之を思はば〕夫れ何の遠きことかこれあらむ。

【学習】

■適＝往く・おもむく・つりあう・出あう・偶然

■唐棣＝トウテイ・庭梅　■立＝たつ・行われる・樹立する・成る

■偏＝ひとえに・ひたすら

■権＝はかる・目方を量る・謀略・目的、臨機の処置・権威

【我流訳】

誰かと一緒に学ぶことはできても、同じ道に進むことができるとは限らない、同じ道に進むことができたとしても、同じ行動が始められるとは限らない、同じ行動が始められたとしても、同じ結果を出せるとは限らない。《最後は自分次第である。》

詩に曰く、「唐棣の華、偏としてそれ反《そむ》けり、豈に爾を思はざらむや、室是れ遠ければなり」と、子曰く、思い詰めていないのだ、《思い詰めれば》彼女の家も遠かろうはずが

ない。《最後は自分次第である。》

顔淵一五

子曰く、博く文を学びて、之を約《つゞまやか》にするに礼を以てすれば、今〔道に〕畔《そむ》かざるべし。

【学習】

■約＝むすぶ・結合する・しめくくる・要約・ひきしめる

雍也二七、君子を除いて同じ。

【我流訳】

広く書物に学び、これを揺るぎないものとするに礼によって《行動》すれば、道に背くことはない。

子路五

子曰く、詩三百を誦するも、これに授くるに政を以てして〔民情を〕達《さと》らず、四方に使して専対する能はずんば、多しと雖ども亦奚以為《なにゝかはせ》む。

【学習】
■誦＝ジュ・ショウ・となえる・そらんじる
■授＝さずける・おしえる・伝える　■達＝暁る意――武内義雄『論語』
■暁＝あかつき・さとる・知る・よくわかる
■専対＝一人で受け答えすること

【我流訳】
詩三百をそらんじるといえども、その人に政の実務を任せても、民意を察知することができず、地方に使者となっても自己対応ができないものであったら、多くの詩をそらんじると雖もその意味がない。

【私語】
暗記するほど書物を読んでも、内容が理解できていないのでは書物を読む意味がない。

子路二一
子曰く、中行（中正の道をふむ人）を得て之に與《まじは》（交）らざるときは、必ずや狂狷か。狂者は進みて取り、狷者は為さざる所あるなり。

【学習】
■中行＝中道＝中庸　■狂＝正常でない・愚かな人・きちがいじみている
■狷＝ケン・気短・知識は浅いが心に守る所がある意
■狂狷＝無闇に理想に走って実行が伴わず、思慮が浅く、頑なこと――『漢語林』

【我流訳】
中庸の道を得た人と交われない時は、必ず狂か狷に陥る。狂者は猪突猛進の行動をし、狷者は理想を追うが何もせずに絵に描いた餅としてしまう。

憲問三

子曰く、士にして居を懐《おも》ふは、以て士となすに足らず。

【学習】
■士＝役人・中堅役人・つわもの・道に志すひと
■懐＝おもう・心にいだく

【我流訳】
上役人でありながら住まいの贅沢を欲していては、人を導く者としての資格に足ることはない。

【私語】

足るを知れ、ということだと思う。富める者は居住の贅沢を求めるもののようである。学而一四でも居住について説かれている。

憲問八

子曰く、愛して労《うれ》（憂）ふるなからむや、忠《まこと》（誠）ありて誨《をし》ふるなからむや。

【学習】

■労＝つかれる・はたらく・ねぎらう・いたわる・勉める

■誨＝おしえる・さとし教える・言葉で教える・道理に暗い人に言葉で教える

【我流訳】

愛すればその人のことを気遣わずにおれようか、人の為を思って己の心底からの実《マコト》を尽くせる人を教え導かずにおれようか。

【私語】

愛があれば愛する人のことをあれこれと思いやって心配し、案じるものである。たとえ愚鈍であったとしても己に心底からの実がある人を、どうして教えないでおれようか。

憲問一一
子曰く、貧《まづし》くして怨むなきは難く、富みて驕るなきは易し。

【我流訳】
貧しいときに妬み言のないようにするのは難しいが、富んで偉ぶることのないようにすることは容易いことである。

【私語】
貧しい時に富者への羨望を持たぬことは立派なことである。だが自分が富者と成っても貧乏人を気遣うことを忘れない者でいることができるだろうか。

憲問二一
子曰く、その言ふに怍《はぢ》ざるときは、則ち為すに難し。

【学習】
■怍＝サク・はじる・きまりわるく思う・怒った顔つきをする

【我流訳】
自分の物言いに《人からの批判を気にもかけない》恥知らずでは、言ったことを実行することは困難である。

【私語】

大言壮語はもとより、言葉を衒《テラ》う者は実行が伴わないものである。

憲問二五

子曰く、古の学者は己の為《た》めにし、今の学者は人の為めにす。

【我流訳】

古の学者は己を磨くために学問を為した、今の学者は名声を得るために学問をする。

憲問三二

子曰く、人の己を知らざるを患へず、己の能なきを患へよ。

【我流訳】

名声を得ようと思い悩んではならない、自らの力不足を心配せよ。

憲問三三

子曰く、詐《あざむ》かるるを逆《うたが》はず、信ぜられざるを億《はか》(憶)らざるも、抑亦《しかもまた》先づ〔人の情《こゝろ》を〕覚《さと》る者《ひと》は、是れ賢なるか。

【学習】

■詐＝いつわる・あざむく・おとしいれる
■逆＝さからう・しりぞける　■憶＝おもう・おもい・かんがえ
■覚＝おぼえる・さとる・気づく・感づく

【我流訳】

欺かれやしないかと疑いもせず、疑われていやしないかと憶測もせず、《己の邪推を棄てて》先んじて《人の本心を見抜く》ことのできる人は、賢者といえる。

【私語】

疑心暗鬼を生じないということか。

衛霊公八

子曰く、與《とも》に言《い》ふべくして與に言はざるときは人を失ふ、與に言ふべからずして與に言ふときは言《こと》を失ふ、知者は人をも失はず。亦言をも失はず。

【我流訳】
共に語り合うべき時に何の言葉もかけられなかった時は人を失うことになる。共に語り合うべき時ではないのに敢えて言葉をかける時は言葉を失うことになる。知者は人をも失わず、亦言葉をも失わない。

【私語】
人物との出逢い、絶好の出逢いを取り逃がしてはならない、善き師、善き友、との出会いと成ったかもしれぬ人を見逃すことになる。逆に良かれと思って言葉を掛けても失望する人もいる、そんなときはせっかくの言葉が無駄になる。

衛霊公一二

子曰く、人にして遠慮なきときは必ず近憂あり。

【我流訳】
人として、遠い先まで見通した深い思慮が無ければ、身近なところで心配事が生じるものだ。

衛霊公一五

子曰く、躬《み》自ら〔責《せ》むること〕厚《あつ》くして、人を責むるに薄《うす》きときは、則ち怨みを遠くべし。

【学習】
■躬＝み・みずから・自分でする　■厚＝多い・大きい・程度を高める

【我流訳】

我が身を自ら責めるときは厳しく、人を責めるときは、やんわりとすれば怨まれることもないだろう。

衛霊公一七

子曰く、群居して終日言《ものい》ふも義に及ばず、好んで小慧《こざかしき》を行ふは難いかな〔成すあること〕。

【学習】
■群＝むらがる・集まり　■義＝正しい・道理・人の踏み行うべき正しい道
■慧＝ケイ・さとい・わるがしこい　■小慧＝小さい智恵・小賢しい智恵

【我流訳】

大勢が集まって一日中話をしていても、義《人の道》が話題となることはない、こぞって小賢しい自慢話ばかりがなされる、これでは義《人の道》が《人々によって》実践されることは難しい限りである。

【私語】
世間話には賑わうが、人の道に花咲くことは無い、凡俗の会合なのだ。

衛霊公二八

子曰く、衆之を悪《にく》むも必ず察し、衆之を好《よみ》するも必ず察せよ。

【学習】
■察＝明らかにする・調べ見る・よく考える・さっする・推量する

【我流訳】
大衆の憎み嫌うところのことも必ず察知し、大衆の好むところのことも必ず察知すること。

【私語】
付和雷同の社会動向を孔子は恐れる。

衛霊公二九

子曰く、人能く道を弘《ひろ》む、道人を弘むるにあらざるなり。

【我流訳】
人が自ら進んで道を切り開いて行くのである、道が人を切り開くのではない。

衛霊公三〇
子曰く、**過《あやま》ちて改めざる、これを過といふ。**

【我流訳】
過ちを犯して、改めることができないということが本当の過ちである。

【私語】
過ちを改め切れずに繰り返してはならない。

衛霊公三九
子曰く、**教ありて類なし。(何如なる人も教育すれば皆善人たらしむべし)。**

【学習】
▪教＝おしえる・さとす・みちびく・いましめ・さとし
▪類＝たぐい・同類・くらべる・比較・種類
※

■何如なる人も教育すれば皆善人たらしむべし——武内義雄『論語』

【我流訳】

教育は誰にでも平等に有る。《だから誰でも教育によって立派な人間になれる。》

衛霊公四〇

子曰く、道《みち》同じからざれば相為《あひとも》に謀《はか》らず。

【我流訳】

道が違えばお互いに胸中の熱い想いを語り合うこともない。

衛霊公四一

子曰く、辞《ことば》は〔意を〕達するのみ、〔文飾を要せざるなり〕。

【学習】

■辞＝ことば・ことわる・やめる・説明する・説き聞かせる・告げる・訴える

【我流訳】
言葉は思いを伝えることができればそれで善い、敢えて言葉を飾る必要はない。

季氏四

孔子曰く、益するものに三の友、損するものに三の友あり、直《なほき》（直言者）を友とし、諒《まことある》（忠信の人）を友とし、多聞を友とするは益なり。便辟《へつらふひと》を友とし、善柔《うはべをつくろふひと》（令色者）を友とし、便佞《くちさときひと》を友とするは損なり。

【学習】
■諒＝真実・小さい徳義・信ずる　■多聞＝多く聞く・見聞の多い人、博識の人
■便辟＝態度は立派だが心の正しくないこと
■善柔＝へつらって誠実さのないこと　■便佞＝口先がうまくて誠実さがないこと

【我流訳】
自分を高めるに三様の友がある、自分を堕落させるに三様の友がある。心が真っ直ぐな人、誠実な人、博識の人、を友とするは自分を高めるに益することである。態度ばかりが立派な人、諂いのうまい人、口達者な人、を友とするは自分を堕落させる損なことである。

【私語】

善き助言者、陰日向の無い人、賢い人を友とすることは自らを益することだ。嘘っぽい人、令色者、口のうまい人を友とするは、自分を害する元である。

季氏五

孔子曰く、益あるものに三の楽、損するものに三の楽あり。礼楽《がく》を節することを楽《たのし》み、人の善《よき》をいふことを楽み、賢友多きを楽むは益なり。驕楽を楽み、佚楽を楽み、宴楽《がく》を楽むは損なり。

【学習】

■節＝適度

■礼楽＝レイガク・礼節と音楽

■驕楽＝我が儘に遊び楽しむ事

■佚遊＝イツユウ・遊びなまけること

■宴楽＝エンラク・酒宴と音楽

【我流訳】

有益な楽しみ方が三つある、有害な楽しみ方が三つある。礼節と音楽を折り目正しく楽しみ、人の善行を誉めることを楽しみ、賢友がたくさんいることを楽しめば、自分を高めることに有益である。勝手し放題の遊びを楽しみ、酒宴の享楽に耽るは自分を堕落させるだけで損である。

季氏六

孔子曰く、君子に侍《はんべ》るに三の愆《あやまち》（過）あり。言《こと》及ばざるべきに言《ものい》ふ、これを躁《おごる》（傲）といひ、言《こと》及ぶべきに言《ものい》はざる、これを隠《かくす》といひ、〔人の〕顔色を見ずして言《ものい》ふ、これを瞽《めくら》といふ。

【学習】

■愆＝ケン・あやまつ・過失　■躁＝はやい・落ち着きがない・さわがしい

■瞽＝コ・盲目

【我流訳】

君主の傍らに仕えて犯しやすい三つの過ちがある、話を聞き終わらないうちに物言うは出しゃばりという、話を聞き終わって言わねばならぬことがあるのに言わぬのを隠すという、君主の顔色を察知せずして物を言うことを目くらという。

季氏九

孔子曰く、生まれながらにして知る者《ひと》は上なり、学びて知る者《ひと》は次なり、困《くるし》みて学ぶは又その次なり、困みて学ばざる、民《ひと》これを下となす。

【学習】

■困＝くるしむ・なやむ・貧困

【我流訳】

生まれながらにして知を得ている人は上なり、《天才と云われる人である、》学問をして知を得た人は次なり、《秀才と云われる人である、》貧乏をもめげずに学ぼうとする人はその次なり、《苦学生と云われる人である、》貧乏を理由に学ぼうとすらしない人を人は最低という。

季氏一一

孔子曰く、善を見ては及ばざるが如くし、不善を見ては湯を探《さぐ》るが如くすとは吾その人を見たり、吾その語を聞けり。隠居して以てその志を求《を》（終）へ、義を行ひて以てその道に達すとは、吾その語を聞けるも、未だその人を見ず。

【学習】

■及＝およぶ・追いつく・達する　■義＝正しい・人の踏み行うべき正しい道

【我流訳】
人の善行を見ては追いつこうと努力をし、人の不善を見ては熱湯から手を引くがごとく咄嗟に逃げる、という人を私は見たことがある、又私はそういう言葉があることも聞いている。世事から離れ、食い扶持が途絶えても、人の道を実践して道の誠を成就する、という言葉を私は聞いているが、未だその人を見たことがない。

陽貨二

子曰、性は相近きも、習ふときは相遠ざかる。

【学習】
- 性＝さが・生まれつきの性質・本性・習慣
- 習＝ならう・学習・習熟

【我流訳】
生まれつきの素性は誰しも似通ったものであるが、知恵が付くにつけ相互に隔たってゆくものである。

陽貨三

子曰く、〔人皆習ひて善となるべく、習ひて悪となるべし〕、唯上知と下愚とは移《う》つらず。

【学習】

▪習＝ならう・習熟・慣習・風習

▪上知＝すぐれた知恵・知恵のすぐれた人・生まれながら道理を知っている人

▪下愚＝甚だ愚かなこと・甚だ愚かな人

▪移＝うつる・変わる・病気などを他に移す・移動・変移

【我流訳】

人は誰でも習いによって善にも染まり、悪にも染まる、唯、最上の知者と云われる人と最下の愚者と云われる人は染まることがない。

【私語】

賢者は賢者として、愚者は愚者として、堕落しないものと、這い上がれないものは、いつの世にも変わることがない。

陽貨九

子曰く、小子何ぞ夫《かの》詩を学ぶことなき、詩は以て〔人事を〕興《さと》るべく、以て〔風俗を〕観《み》るべく、以て〔朋友を〕群《あつ》むべく、以て〔時政を〕怨《うら》むべく、邇《ちか》くしては父に事へ、遠くしては君に事へ、多く鳥獣草木の名を識《し》るべし。

【学習】

■小子＝ショウシ・わかもの　■莫＝なし・否定・～ない・なかれ・禁止
■人事＝ひとのしわざ・人間社会のことがら・人間としてなすべきこと
■興＝コウ・おこる・たつ・はじまる・奮い立たせる・盛んになる
■観＝みる・よく見る・かんがえる・おもう
■群＝むらがる・あつまり・仲間・やわらぐ
■怨＝うらむ・うらみ・にくむ・とがめる・かたき

【我流訳】

若き諸君たちよ、どうして詩経を学ぼうとしないのか、詩は人の為すべき道を知らしめ、世相を考えさせ、朋友を集わせ、時の政治を批評させる。《そういう詩を学べばこそ、》近くは親に善く仕えることができ、遠くは君主に善く仕えることができるのである、《そして自然界を愛でるが如く》多くの鳥獣草木の名を自ずと識ることとなるのである。

陽貨一一

子曰く、礼といひ礼といふも、玉帛ならむや、楽《がく》といひ楽といふも、鐘鼓ならむや。〔礼は敬を以て本となすべく、楽は和を以て本となすべし〕。

【学習】
■玉帛＝ギョクハク・玉と絹織物・諸侯が天子や他の諸侯に公式に会う時の贈り物
■鐘鼓＝ショウコ・鐘と太鼓

【我流訳】
礼だ礼だともっともらしく礼を言う人に限って、贈り物のことばかりを考えている、楽だ楽だともっともらしく楽を言う人に限って、楽器の品定めをして、礼の本質、楽の本質を知ろうとしないものである。

陽貨一二

子曰く、色《いろ》（容貌）厲《いかめ》しくして、内《うち》（心）荏《やはらか》なるは、これを小人に譬《たとふれ》ば、それ猶〔壁《かべ》を〕穿《うが》ち〔牆《かき》を〕窬《こゆ》る盗《ぬすびと》の如きか。

【学習】

■厲＝レイ・といし・はげしい・きびしい
■荏＝ジン・やわらか・次第に
■穿＝セン・うがつ・穴をあける
■窬＝ユ・壁をくりぬき木で作った戸
■牆＝カキ・かきね・土塀

【我流訳】

厳めしい顔つきをしながら心が腑抜けでは、これを小人に例えれば、壁に穴をあけたり、塀をこえたりする小心者の盗人のようなもので《堂々と道を歩くことはできない》。

陽貨一五

子曰く、鄙夫は與《もっ》（以）て君に事ふべけんや、その未だ之（位）を得ざるときは、得ざるを患へ、既に得るときは、失はむことを患ふ、苟くも失はむことを患ふるときは〔諂佞邪媚〕至らざる所なし。

【学習】

■鄙夫＝ヒフ・愚かでいやしい人
■與＝与＝ヨ・くみ・なかま
■諂佞＝テンネイ・こびへつらう
■邪媚＝心がねじけていて人に諂う

【我流訳】

愚かで賤しい男は君主に仕えることはできない、まだ地位が得られてない時は、はやく地位が欲しいと心配し、地位が得られたならば今度は、それを失うまいと心配する、そして心配しだしたが最後で、失わないためならどんなことでもやり出す。

陽貨一六

子曰く、古者《いにしへ》は民に三疾ありしが今也《いま》は或是《またゞ》（祇）之すら亡《な》きなり。古の狂は肆《もつぱら》にす、今の狂は蕩《ほしいまゝ》なり。古の矜は廉《いさぎよ》し、今の矜は忿《いか》り戻《さか》ふ。古の愚は直《たゞ》し、今の愚は詐《いつ》はるのみ。

【学習】

- 疾＝やまい・悪癖
- 狂＝おろかなひと・常軌をはずれる・狂気
- 肆＝ほしいまま・わがまま・遠慮が無い
- 蕩＝ほしいまま・みだら・しまりがない
- 矜＝あわれむ・傲り高ぶる
- 忿＝怒る
- 戻＝レイ・理に背く
- 忿戻＝フンレイ・憤り人と争う
- 廉＝いさぎよい・価がやすい・かどがある
- 愚＝おろか・馬鹿正直・愚直・愚劣・愚鈍

【我流訳】

古には人に三つの許せる悪癖があったものだが、今はただ、それすら無くなってしまった。古の人のやんちゃ振りは一本気であった、しかし今の人のやんちゃ振りは狂気そのものでやりたい放題である。古の人の傲慢さは悪びれたところが無かった、しかし今の人の傲慢さは自負しすぎて人の怒りを買っている、古の愚か者は愚鈍ではあったが馬鹿正直でもあった、しかし今の愚か者は愚鈍のうえに嘘ばかりついている。

陽貨一七

子曰く、言《こと》を巧《よ》し色を令《よ》くする〔人〕は鮮し仁あること。


【我流訳】

口先だけの言葉を巧みに使い、人を喜ばす表情を取り繕う人は、仁があることは希でしかない。


【私語】

巧言令色であっては人の誠を尽くせないという戒め。

言葉や顔の表情だけを巧みに飾って内面に真心の無い人は、真に人を思いやることなどできないということ。人として心底からの実《マコト》をもてということ。（学而三に同じ）

陽貨一八

子曰く、紫《むらさき》の朱《あけ》を奪ふを悪《にく》む、鄭声の雅楽を乱《みだ》るを悪《にく》む、利口《くちたくみなるひと》の邦家を覆《くつがへ》すを悪む。

【学習】

■紫＝他の色と交り合った色（間色）・悪人・邪――『漢語林』【朱紫】から。

■朱＝交りけの無い色（正色）・善人・正――『漢語林』【朱紫】から。

■鄭声＝テイセイ・鄭の国の音楽・みだらな音楽

■雅楽＝正しい格調の音楽　■邦家＝国家・わが国・くに

【我流訳】

悪人が善人の前に蔓延《ハビコ》るのを恐れる、みだらな音楽が格調高き音楽を攪乱することを恐れる、口達者に国家が転覆させられることを恐れる。

陽貨二二

子曰く、飽《あ》くまで食《くら》ひて、終日《ひねもす》心を用ゐる所なきは難いかな。博奕といふもの有らずや、之を為すは猶已《やや》むに賢《まさ》れり。

【学習】

■博＝双六・囲碁　■奕＝おおきい・うつくしい・囲碁

【我流訳】

食うことだけはたらふく食って、一日中考えることもなく何もしないでいるのは馬鹿げたことである、双六や囲碁という遊びがある、そんな遊びでも何もしないよりはましである。

陽貨二六

子曰く、年四十にして悪《そし》（誣）らるる〔人は〕はそれ終《やん》ぬるかな。

【我流訳】

四十にもなって謗られるようでは、人間として終わっている。

【私語】

自分で自分を反省できない、どけちなやつ。そんな人間だけには成るな。

三、君子、君子語章

君子への道は、学問の道として論語学而第一に於いてその全容が説かれた。己の人格を高める修己、修徳の道と、学問の修得、実践は君子への道である。孔子が弟子学徒たちに教えたことは、君子と成ることである。その理想は仁者となること、仁の実践者となることである。

※

君子とは――和辻哲郎『徳の諸相』より

君子とは本来治者階級のものを被治者たる民から区別する言葉である。

《中略》

《それが段々と、》道徳的に高き人格《治者階級＝君子》と低き人格《被治者階級＝民・小人》との別を言い現すようになった。

《中略》

君子が治者の意味を脱化して道徳的に高き理想的人格を意味するにつれ、君子の徳もまた一般に徳の模範としての意義を帯びるに至っている。

再・学而一

人知らざるも慍《うら》みず、亦君子ならずや。

【我流訳】

《学問の道に励むのは人に己の名声を得るためではない、》誰にも知られることがなかったとしても、何で人を慍みえよう、それが亦君子と云えるものではなかろうか。

再・学而二

君子は本を務む、本立ちて道生《な》る、

【我流訳】

君子は、《物事の》大本を《大事にして実践を》務める。《よって》大本を知ることができれば為すべき道は自ずと決まる。

再・学而八

子曰く、君子重からざれば即ち威あらず、

【我流訳】
君子が軽々しい言動をしていてはその威厳を失う。

再・学而一四

子曰く、君子は食飽《あか》むことを求むるなく、居安からむことを求むるなく、事《わざ》に敏《と》くして言《こと》を慎み、有道に就《つ》いて正す、学を好むといふべきなり。

【我流訳】
君子は満腹に食べることを追い求めることなく、住み良さの贅沢を追い求めることなく、職務に励んで言葉を慎み、徳を修めた人に就いて常に己の偏見を正していく。《それでこそ》学問を好む《忘れない》者と云うことができる。

【私語】
学問を修め仕官が成ったとしても、官吏として一層の努力をすることは勿論、学問を忘れてはならない。

為政一二

子曰く、君子は器ならず。

【学習】
■器＝物を入れおさめるもの・いれもの・転じて、一般に器具。事を担当するに足りる才能、器量、人物の大きさ――『広辞苑』
■器＝祭りに用いられるうつわの意味から、一般にうつわの意味を表す――『漢語林』
■器＝容器・道具・度量・才能・はたらき・器量・才器・大器
※
■不器＝一つの用に滞らざる意――武内義雄『論語』
■器＝一つの事には役立つが、応用のきかないもののたとえ――『漢語林』

【我流訳】

君子は《無傷、無欠な》器《人物》ではない。


【私語】

君子は用途に沿って作り上げられる《完成される》器と同じではない。即ち、君子は君子と雖も人として完成されたものに造形できるものではない。

人間は人として完全無欠であることはできないということ。無理があろうか。
※
器はその用途上からも無欠陥の完成品として作られるものである。祭祀用の器であれば完全無欠なものであろうし、水、穀物等の貯蔵用であれば無傷、無穴なものであろうし、調

度用の器であれば怪我することのないように無欠なものであろう。装飾美術品であれば云うまでもないことである。でなければ器はその働きを、役目を果たすことのできない無用なものとなってしまう。

※

君子は固より学もあれば徳もあり知恵もある人格者である。孔子がその君子を一つのことにしか役立たぬ器物になぞらえるとは俺には思えぬ。君子になぞらえられる器とは、やはりそれなりの人のことを語っているものであろうと思う。公冶長四で子貢にその才能をして、瑚璉の器を説いている。孔子が云うところの器はきっと瑚璉のような名器をいうのではなかろうかと下手は考える。名器であれば完全無欠ということであろうか。無理があろうか。

要は器から直ちに〝何《無欠》を〟を想像し得るかということではなかろうか。孔子の奥は深い、禅問答的なのである。

※

器語――八佾二二では管仲の器小なるかな。公冶長四では汝は器なり、子路二五では器のままにす、衛霊公一〇では器を利ぐ、と言っている。

為政一三

子貢君子を問ふ。子曰く、先づ行ふ、其言は而して後之に従ふ。

【我流訳】

子貢が君子を問う。子曰く、先ず実行すること、言ったことは実行した後に証されるものだ。

【私語】

君子はどんな立派な言葉より、実行してその実《まこと》を実現する人でなければならないということ。不言実行ということ。

言葉は実行して後、真偽が証明されるものである。

為政一四

子曰く、君子は周《したし》みて比《おもね》らず、小人は比《おもね》りて周《したし》まず。

【学習】
■周＝したしみ・比＝おもねる —— 武内義雄氏の読み
■比 —— おもねる＝阿る＝へつらう、自分の気持ちを曲げて従う
※
■周＝ゆきわたる・誠実で親密である　■比＝なかま・したしむ・なれなれしくする
※
■小人＝**ショウジン** —— としわかの人・少年・こども・徳、器量のない人・小人物・身分の卑し

い者・小者
■小人＝**ショウニン**・おさない人・こども・小児・（ショウジンは別義）――『広辞苑』

【我流訳】
君子は親しみをもって人と交わるが諂わない、小人は諂いを以て人と交わろうとするが親しみを持とうとしない。

【私語】
常に誠実さを以て人に交わり、令色を以て人に交わろうとしてはいけない。
人当たりの良さに恰好付けては、親しみを取り違えやすいものだ。

八佾七
子曰く、君子は争ふところなし。〔若しあらば〕必ず射《ゆみい》るとき乎、揖譲して升下し、而して〔勝てるもの勝たざるものをして〕飲ましむ、その争は君子なり。

【学習】
■揖＝ユウ・会釈
■射＝弓を射る術
■升＝のぼる
■揖譲＝へりくだった温和な動作・会釈して譲る

【我流訳】

君子は人と争うようなことはしないものだ。もしあるとすれば弓射の競技の時だけだ。しかしそのときであっても参加者とは必ず礼の精神を以て会釈・挨拶を交わし、登ったり下りたりする。そして競技に勝ったものが負けたものに酒を飲ませる。そんな争いの仕方をするのが君子というものだ。


【私語】

君子は表立った争いをするものではない。人との議論、言い争いはしないということか。

為政一六、異端を攻《せ》むるは斯《すなは》ち害あるのみ

里仁五

子曰く、富《とみ》と貴《たつと》きとは、これ人の欲するところなり、その道を以てせざればこれを得るも處《を》らざるなり。貧《まづし》きと賤《いやし》きとは、これ人の悪むところなり、その道を以てせざれば、これを得るも去らざるなり。君子仁を去りて悪《いづく》にか名を成さむ、君子は終食《ものくら》ふ間も仁を違《さ》ることなく、造《ざう》次《じ》にも必ず是に於てし、顛沛《てんぱい》にも必ず是に於てす。

【学習】
■終食＝わずかな時間　■造次＝あわただしい、わずかの間
■顛沛＝テンパイ・つまずきたおれる時

【我流訳】

富と貴きは人の欲しがるものであるが、それらを得るに道を以てして得るのでなければそれらを得たとしても享受することはない。貧きと賤しきことは人の憎むものであるが、それらを除くに道を以てして除くことができなければそれらを得たとしてもそこからは逃げたりしない。君子たるもの仁から逃げてどこに君子の名を成せるだろうか。君子は食する束の間でさえ仁を放さない、あわただしいわずかの間の時間であっても仁を放すことなく、つまずいて転ぶ時にでさえ仁を放すことはない。

【私語】

富貴を得るのも、貧賤を除くのも、道によって行わなければならない。それ以上に君子の求める道は仁でなければならない、君子が道を違えて仁から逃げては君子の名を成せぬ。君子の面目は仁と共にあること。

里仁一〇

子曰く、君子の天下に於けるや適《さから》(敵)ふなく莫《した》(慕)ふなく、義をこれ比《したし》む。

【学習】

- 天下=国全体・人民・一国の政治・世間
- 適=往く・かなう・つりあう

■敵莫＝日暮れ・むなしい・はかる　■比＝くらべる・なれる・親しむ・従う

【我流訳】

君子は国家の政に於いては、逆らうこともなく、なびくこともなく、正義に専ら親しむものである。

里仁一六

子曰く、君子は義に喩《さと》り、小人は利に喩《さと》る。

【学習】

■喩＝ユ・さとす・敏感である・こころよい・たとえる

【我流訳】

君子は《行いを》正義に照らし、小人は利得に照らす。

【私語】

君子は義を重んじる、小人は己の利得を重んじる。

里仁二四

子曰く、君子は言《こと》に訥《おそく》して、行《おこなひ》に敏《と》からむことを欲す。

【学習】

■訥＝トツ・どもる・口が重い

【我流訳】

君子は物を言うに口が重く、実行に機敏でありたいと願う。

【私語】

君子は雄弁であるよりも実行に重きを置くものである。

雍也一八

子曰く、質文に勝《まさ》るときは則ち野、文質に勝《まさ》るときは則ち史、文質彬彬《そなは》りて然して後君子なり。

【学習】

■質＝物をそのものたらしめるもと・生まれつき・天性・飾り気がないこと・内容のよしあし・価値――『広辞苑』

■文＝かざり・外見の美・学問・文書・書物・道徳文化・武に対して、学問、学芸、文学、芸術などをいう――『広辞苑』
■勝＝敵にうちかつ　■野＝いなか・粗野・むき出し
■彬＝ヒン・ならびそなわる　■彬彬＝ヒンピン・そなわる
■史＝ふびと・ふみ・飾りが有って美しいが誠実さに乏しい
※
■文質彬彬＝実質が外見よりまさっていれば田舎びており、外見が実質よりまさっていれば派手な物知りのようだ。外見と実質とがほどよく調和しているのが君子である――『漢語林』

【我流訳】
《人としての》質《中身・人間性》がどんなに勝れていても、《人としての》文《外身・学問》が無かったら野人である、《人としての》文《外身・学問》がどんなに勝れていても《人としての》質《中身・人間性》が劣っていたらただの物知りでしかない。《人としての》文と《人としての》質が兼ね備わってこそ君子である。

【私語】
人としての質《中身・人間性》と、人として身に付ける文《外身・学問》が兼ね備わってこそ君子である。
※

顔淵八、に質、文の問章がある。

棘子城曰く、君子は質のみ、何を以てか文を為さむ。子貢曰く、惜しいかな夫子《かの》の君子を説くや、〔過言一たび出づれば〕駟も舌に及ばず、〔もし〕文は猶質のごとく、質は猶文のごとし〔といひて、質のみを尚べば〕虎豹の鞹は猶犬羊の鞹のごとくにして〔分かつなからむ〕。

雍也二六

宰我問ひて曰く、仁者は之に告ぐるに井に仁ありといふと雖も、それ之に従はむか。子曰く、何すれぞそれ然かせむや、君子は逝《ゆ》かしむべし、陥《おちい》らしむべからず、欺くべし、罔《し》ふべからず。

【学習】

■逝＝よしと信じて進む・陥＝悪と知りつつ押し通す・欺＝偽る・罔＝共謀して悪をなす――武内義雄『論語』

【我流訳】

宰我問いて曰く、仁者は井戸の中に仁が落ちていると云われたら、井戸の中に飛び込みますか。子曰く、どうしてそんなことをしなければならぬ、君子は人の言うことを信じて井戸へ助けに駆けつけはするが《盲滅法飛び込んだりはしない。中の様子を見定める。》君子を仁を餌にして騙せるのは井戸の傍までだ、井戸に飛び込みさせることはできない。道によって騙すことはできても、めくらにはできない。

【私語】

仁者は仁のためなら命をも顧みないこともある。だから井戸の中に仁が落ちているといえば飛び込むだろうというのである。孔子は宰我の人試しを戒める。

※

人を試す、という人の悪意に満ちた言動は、許し難いものである。試しに人を死なせることなど人の為せる事ではない。

雍也二七

子曰く、君子博く文を学びて、之を約《つづまやか》にするに礼を以てすれば、亦以て〈道に〉畔《そむ》かざるべし。

【学習】

■約＝むすぶ・しめくくる・要約・ひきしめる

■畔＝あぜ・さかい・そむく

【我流訳】

君子は広く書物に学び、これを揺るぎないものとするに礼によって《行動》すれば、道に背くことはない。

述而二五

子曰く、聖人は吾得て之を見ず、君子の者《ひと》を見るを得ば斯《すなは》ち可なり。

【我流訳】

聖人といわれるほどの人格者を私は見たことがない、しかし君子と呼ばれるほどの人格者を見ることができれば納得ができる。

【私語】

聖人を夢見ていては君子とは成り得ぬであろう、ということか。

述而三三

子曰く、文莫（黽勉）は吾猶人の如きなり、躬《み》に君子を行ふは則ち吾未だ得るあらざるなり。

【学習】

■文莫＝ブンバク＝黽勉（ビンベン）＝勉めはげむ

■文莫＝黽勉――武内義雄『論語』

■ 躬＝身体・みずから・自分でする

【我流訳】
勉強努力は人並みにできるが、わが身に君子の《徳》行を課せるほど、私は未だ《徳を》得ていない。

【私語】
まだまだ精進が足りない、ということか。

述而三七

子曰く、君子は坦《やすく》して蕩蕩たり、小人は長く戚戚たり。

【学習】
■ 坦＝たいら・やすらか　■ 蕩蕩＝トウトウ・心がゆったりとしているさま
■ 戚＝うれえる・いたむ
■ 戚戚＝セキセキ・心配や悲しみの為に気持ちが落ち着かない様

【我流訳】
君子はいつも平穏で心がゆったりしている、小人はいつまでも心配事が絶えない。

子罕一四

子九夷に居らむことを欲す。或ひと曰く、陋《いや》しきを如何せむ。子曰く、君子之に居らば何の陋しきかこれあらむ。

【学習】

・九夷＝東方の未開地域　・陋＝ロウ・せまい・いやしい

【我流訳】

子が未開の地に住まいを変えたいと思われていた、或る人曰く、あんな下賤な地方に行ってどうなさるおつもりなのでしょうと。子曰く、君子が住めばいつまでも下賤のままでは済まないだろう。

先進二一

子曰く、論《いふこと》の篤《よ》きにのみ是れ与《くみ》すれば、君子の者《ひと》か色荘《みえをつくらふ》者《ひと》か〔を知る能はざるなり〕。

【学習】

・論＝説く・語る・議論・見解　・篤＝人情があつい・熱心

・色荘＝顔色がおごそかでまじめなこと

【我流訳】
人の言説が善いというだけでは、立派な人物なのか、単なる賢振るものかを知ることはできない。

顔淵四

司馬牛君子を問ふ。子曰く、君子は憂へず懼れず。曰く、憂へず懼れざる、斯ち之を君子と謂ふべきか。子曰く、内に省《かへり》みて疚《やまし》からざれば夫《そ》れ何をか憂へ何をか懼れむ。

【学習】
- 懼＝ク・おそれる・びくびくする
- 疚＝キュウ・やましい・気が咎める・良心に恥じる・病む

【我流訳】
司馬牛が君子を問う、子曰く、君子は悩み事や心配事がない、司馬牛曰く、悩み事や心配事がないことが君子と云うべきものなのですか。子曰く、自分の良心に問いかけて疚しいところが微塵もなければ、何を悩み、何を心配する必要があろうか。

顔淵八

棘子城曰く、君子は質のみ、何を以てか文を為さむ。子貢曰く、惜しいかな夫子《かの》の君子を説くや、〔過言一たび出づれば〕駟も舌に及ばず、〔もし〕文は猶質のごとく、質は猶文のごとし〔といひて、質のみを尚べば〕虎豹の鞹は猶犬羊の鞹のごとくにして〔分かつなからむ〕。

【学習】

- 棘子城＝キョクシセイ・衛の国の大夫 ――金谷治『論語』
- 質＝物をそのものたらしめるもと・生まれつき・天性・飾り気がないこと・内容のよしあし・価値 ――『広辞苑』
- 文＝武に対して、学問・学芸・芸術等をいう ――『広辞苑』
- 駟＝シ・四頭立ての速い馬車　■鞹＝カク・毛を取り去った皮

※

- 駟不及舌＝駟も舌に及ばず＝一度喋った言葉は、四頭立ての馬車で急いで追いかけても取り返しがつかない、言葉には気を付けろ ――『漢語林』

【我流訳】

棘子城《キョクシセイ》が言った。君子というものは《人としての》質《中身・人間性》がよければ十分だ。なんで文《外身・学問》をする必要があろうか。子貢曰く、残念です、貴方の君子説は取り返しのつかない過言であります、一度出た過言は四頭立ての馬車で追いかけても追いつきません。文《外身・学問》はあたかも人としての質《中身・人間性》の如く、人としての質はあたかも文の如し《と云います、質だけを尊ぶことは、》虎豹の皮の毛を取ってしまえば犬や羊の毛を取った皮と区別がつかないということと同じことです、《学問があってこそ人の値打ちの判別ができるというものです。》

顔淵一六

子曰く、君子は人の美を成して人の悪を成さず、小人は是に反す。

【学習】

■美＝善い・優れている・褒める　■成＝なしとげる・行う・ある状態にする

【我流訳】

君子は人の善いところは伸ばしてやるが、人の悪いところまで伸ばすようなことはしない。小人は反対のことはできる。

顔淵二四

曾子曰く、君子は文を以て友を会し、友を以て仁を輔《たす》く。

【学習】
■文＝学問・書物・人徳　■友＝同志
■会＝集まる・あう　■輔＝ホ・たすける・助力・補佐・かいぞえ・骨折り

【我流訳】
曾子曰く、君子は学・徳によって同志を集わせ、同志によって仁の道を広めようとする。

子路二三

子曰く、君子は和して同せず、小人は同じて和せず。

【学習】
■和＝やわらぐ・争わない・仲良くなる
■同＝ともにする・集まる・同一

【我流訳】
君子は思慮ある協調はするが、無思慮な同調はしない、小人は思慮することも無く同調するが思慮ある協調ができない。

子路二五

子曰く、君子は事《つか》へ易くして説《よろこばし》（悦）がたし。説ばしむるに道を以てせざれば説ばざるも、其人を使ふに及びては器《うつは》のまゝにす。小人は事へがたくして説ばし易し。説ばしむるに道を以てせざるも説べども、其人を使ふに及びては、備《そなは》らむことを求む。

【学習】

■ 備＝そなえる・かけたところがない・つぶさに

【我流訳】

君子はその用人として仕えるには容易いが、喜ばせることは難しい。君子を喜ばすには道を踏まえなければ決して喜ばない。しかし人を使うときはその人の能力のままに使う。小人はその用人となって仕えるには難しいが、喜ばせることは容易い。小人を喜ばすには道を踏まえなくても喜ぶ、しかし人を使うときはその人の能力に対して何でもできることを求める。

子路二六

子曰く、君子は泰《ゆたか》にして驕《おご》らず、小人は驕《おご》りて泰《ゆたか》ならず。

【学習】
■泰＝大きい・豊・落ち着いている　■驕＝いばる・たかぶる

【我流訳】
君子は心豊かで高ぶらない。小人は威張り散らして心貧しい。

憲問七
子曰く、君子にして不仁なるものあり、未だ小人にして仁なる者あらざるなり。

【我流訳】
君子と云われる人でも仁を得ていないものがある、まして小人が仁を得ることなど有り得ない。

憲問二四
子曰く、〔君に事ふるに〕君子は上《とく》（徳）をもって達（通）し、小人は下《ざい》（財）をもって達（通）す。

【学習】

■上＝徳・下＝財・達＝通――武内義雄註

■通＝とおる・かよう・行き来する・取次をする・つらぬく

【我流訳】

君主に事《ツカ》えるに君子は徳によって尽くし、小人は利によって尽くす。

憲問二九

子曰く、君子は其言の其行に過《す》ぐるを恥づ。

【我流訳】

君子は言葉ばかりが抜きん出て、その行いが稚拙であることを恥じる。

憲問三〇

子曰く、君子の道三《みっ》あり、我これを能するなし。仁者は憂へず、智者は惑《まど》はず、勇者は懼れず。子貢曰く、〔これ〕夫子自ら道《い》へるなり。

【我流訳】

君子の道として三つのことがある。私にはそれが行い得ていない。《その三つとは、》仁者は憂へず、智者は惑《まど》はず、勇者は懼れず、である。子貢曰く、これは先生が自ら言われたことである。

【私語】

君子の道として修得せねばならぬ三つの徳がある。それは、仁、智、勇の三徳である。《為政二四、【私語】四十八ページ参照》

孔子が「我これを能するなし」というのは、己自身を、達者として容易に許そうとしない孔子一流の教化語ではないかと思う。公治長九、……子曰く、如《し》かざるなり、吾も汝とともに如かざるなり。など孔子は自己否定的な語を多く口にする。自己満足を道の大敵としているのではなかろうか、と下手は考える。或いは、述而二三からすれば、学徒と共にあろうとする孔子の愛情でもあろうと思う。無理があろうか。

憲問四五

子路君子を問ふ、子曰く、〔君子は〕己を脩むるに敬を以てす。曰く、斯《かく》の如きのみか。曰く、己を脩めて以て人を安んず。曰く、斯の如きのみか。曰く、己を脩めて以て百姓を安んず、己を脩めて百姓を安んずるは、堯舜もそれ猶これを病《かたし》（難）とす。

【学習】

- 敬＝真心を込めて務める
- 安＝やすんずる・可愛がる
- 脩＝ほした肉・おさめる・修
- 百姓＝ヒャクセイ・多くの人民

【我流訳】

子路が君子を問う、子曰く、君子は己を磨くに心を込めて努力する、子路曰く、たったそれだけですか、子曰く、己を磨くのは人を安ずる為である、子路曰く、たったそれだけですか、子曰く、己を磨いて多くの人民を安んずることができねばならぬ、己を磨いて多くの人民を安んずることは、堯舜でさえも猶、難しいことだとしていた。

衛霊公七

子曰く、直なるかな史魚、邦道あるときも矢の如く、邦道なきときも矢の如し。君子なるかな蘧伯玉、邦道あるときは仕へ、邦道なきときは可《みごと》（好）巻《をさ》（収）めて懐《かへ》（帰）るなり。

【学習】

- 史魚＝シギョ・衛の重臣――吉川幸次郎『論語』
- 蘧伯玉＝キョハクギョク・春秋時代、衛の賢大夫――『漢語林』

【我流訳】

史魚は実に真っ直ぐな人である、邦に道あるときも無きときも矢の如く真正直に行動する。蘧伯玉はまるで君子である。邦に正道が行われていれば仕えて力を注ぎ、邦に正道が行われていなければ直ちにその力を仕舞い込んでしまう。


【私語】

道を得た人が君子といえる。国に道ある時は道あるように、道なきときは道なきように行動ができる。

衛霊公一八

子曰く、〔其行は〕義以て質となして礼以て之を行ひ、〔其言は〕孫（遜）以て之を出し信以て之を成す、君子なるかな。

【学習】
■質＝中身・本質・根本・実質・まこと
■遜＝のがれる・ゆずる・謙遜

【我流訳】

行動は正義を本質とし、礼によってその正義を実践し、言葉は謙遜を以て物を言い、嘘・

偽り無く言ったことを実行する。それでこそ君子である。

衛霊公一九

子曰く、君子は能なきを病《うれ》（患）ふ、人の己を知らざるを病《うれ》へざるなり。

【我流訳】

君子は才能がないことこそ患える、名声の無いことなど患えたりはしない。

衛霊公二〇

子曰く、君子は世を没《をは》（終）るも名の称せられざるを疾《や》む。

【学習】

▪世＝人の一生涯・世間　▪没＝しずむ・かくれる・おわる・死ぬ

【我流訳】

君子は世を没してもその名を称えられないことを心配するものである。

【私語】

死して後、名の称せられることが君子の道、生きているときは名声のないことを憂えないものだからである。凡人なら生きた証しが欲しいというところか。

衛霊公二一

子曰く、君子はこれを己に求め、小人はこれを人に求む。(君子は己を責《せ》め小人は人を責む)。

【我流訳】

君子は責めを己に求め、小人は責めを他人に求める。

衛霊公二二

君子は矜《おごそか》なるも争はず、羣するも党せず。

【学習】

▪矜=キョウ・あわれむ・ほこる・おごりたかぶる

▪羣=群・グン・むらがる・むれ・集める

▪党=むら・なかま・党派・徒党

【我流訳】

君子は誇り高くて争わない、人々と集うことがあっても党派は組まない。

衛霊公二三

〔言ある者《ひと》必ずしも徳あらず、徳なき者《ひと》も時に善言あり、故に〕君子は言を以て人を挙げず、人を以て言を廃てず。

【学習】

■挙＝あげる・たたえる・登用する　■廃＝すてる・のぞく・すたれる

【我流訳】

君子は言葉によって人を人物と称えたりはしない、人が人物であるか否かによって言葉を聞き捨てにしない。

衛霊公三二

子曰く、君子は道を謀《おも》ひて食を謀《おも》はず、耕すも〔学ばざれば〕餒《うゑ》その中にあり、学べば〔耕さざるも〕禄その中にあり、〔故に〕君子は道を憂へて貧を憂へず。

【学習】

■謀＝はかる・考えをめぐらす　■餒＝うえる

■禄＝俸給

【我流訳】

君子は道のことに考えをめぐらし食のことは考えないものだ、農事に勉めて学問をしなければ、《当座は食えるが》飢饉に遭えば飢える、学問をして農事をしなければ《当座は食うことができないかもしれないが》、仕官が適うかもしれない。《どの道も食うことには困ることがある、》故に君子は道が行われないことを憂えて、貧乏のことは心配しない。

衛霊公三四

子曰く、君子は小知（用）すべからざるも、大受せしむべきなり。小人は大受せしむべからざるも、小知（用）すべきなり。

【学習】

▪小知＝小用・荻生徂徠の説——武内義雄『論語』

▪小＝ちいさい・つたない・小人　▪小知＝ちょっとした知識・才知——『広辞苑』

▪大受＝大きな任務を引き受ける事・大事に任ずる——『漢語林』

【我流訳】

君子は《己の道に》自己満足してはならない、大きな任務《天命》を授かるべきである。

小人は大きな任務《天命》を授かることはできないが、己に自己満足できればよい。

【私語】

君子は学問や修徳の道に自己満足することなく天命を知らねばならない。

衛霊公三七

子曰く、君子は〔行〕貞《たゞし》けれども〔言必ずしも〕諒《まこと》（小信）ならず。

【学習】

■貞＝心が正しい・みさお正しい・貞節
■諒＝まこと・小さい徳義・信ずる

【我流訳】

君子は、行いは正しくするけれども、自分の言説に絶対の自信があるというわけではない。

季氏七

孔子曰く、君子に三つの戒あり、少《わか》き時は血気未だ定まらず、戒むこと色にあり、其壮《さかん》なるに及びては、血気方《まさ》に剛《こは》し、戒むること闘にあり、其老いるに及びては、血気既に衰ふ、戒むること得《よく》（利得）にあり。

【我流訳】

君子に戒めるものが三つある、若いときは血気を抑えることが思うようにならない、故に戒めることは色である。壮年となって血気は増々盛んとなって、はけ口を求める、故に戒めることは喧嘩である、老いの身となって血気はおさまる、故に戒めることは、欲得に走ることである。

季氏八

孔子曰く、君子に三つの畏《おそれ》あり。天命を畏れ、大人を畏れ、聖人の言を畏る。小人は天命を知らずして畏れず、大人に狎《な》れ、聖人の言を侮《あなど》る。

【学習】
■畏＝イ・おそれる・畏敬＝恐れ敬う　■大人＝賢長者

【我流訳】

君子に三つの畏敬するものがある、天命を畏敬し、賢長者を畏敬し、聖人の教えを畏敬する。小人は天命を知りようもないから畏敬することもない、賢長者を敬うこともなく、聖人の言葉を馬鹿にする。

季氏一〇

孔子曰く、君子に九の思ふことあり。視は明かならむことを思ひ、聴は聡《さと》からむことを思ひ、色《かほいろ》は温《おだやか》ならむことを思ひ、貌《かたち》は恭《うやくし》からむことを思ひ、言《こと》は忠《まこと》あらむことを思ひ、事《わざ》は敬《つゝし》まむことを思ひ、疑はしきは問はむことを思ひ、忿《いかり》には難を思ひ、得るを見ては義を思ふ。

【学習】

■聡＝さとい・耳がよく聞こえる・かしこい
■貌＝姿・かたち・外観・動作
■敬＝うやまう・尊んで礼を尽くす・真心をこめてつとめる

【我流訳】

君子には九つの思うことがある。視ることははっきりと見極めることを思い、聴くことは能く理解しながら聞き逃すことのないことを思い、顔色はおだやかな表情であることを思い、姿態は恭しいことを思い、物言うときは己の心底からの真心があることを思い、仕事には真心を込めて務めることを思い、疑わしいことは問い尋ねることを思い、怒りを覚えるときは難儀にあわぬことを思い、欲得をみては人の道を思わずにはいられない。

陽貨二三

子路曰く、君子は勇を尚ぶか。子曰く、君子は義以て上と為す、君子勇ありて義なきときは乱を為す、小人勇ありて義なきときは盗を為す。

【学習】

・勇＝いさましい・敵を恐れない・つわもの・たけだけしい

【我流訳】

子路曰く、君子は勇を尊ぶか。子曰く、君子は正義を最も尊ぶものである、君子《上役人》に勇有って正義無きときはその道を害う、小人に勇有って正義無きときは、平気で悪事を為す。

陽貨二四

子貢問ひて曰く、君子も亦悪《にく》むあるか。子曰く、悪むあり、人の悪を称する者《ひと》を悪む、下に居て上を訕《そし》る者《ひと》を悪む、勇にして礼なき者《ひと》を悪む、果敢にして窒《いきどほ》る者《ひと》を悪む、曰く、賜も亦悪むあり、徼《そし》りて以て智と為す者《ひと》を悪む、不遜にして以て勇と為す者《ひと》を悪む、訐《あばき》て以て直となす者《ひと》を悪む。

【学習】

■訕＝セン・そしる・非難する・悪口をいう
■窒＝チツ・ふさぐ・とじる・とどまる・とまる
■徼＝キョウ・めぐる・うかがう・みまわる・さえぎる
■遜＝のがれる・自分を後回しにして他人をすすめる
■訐＝ケツ・あばく・そしる

【我流訳】

子貢が問いて曰く、君子にも憎むものが有りますか。子曰く、勿論あるとも、人の悪行を称えかばう人、下位者でありながら上位者の悪口を言う人、勇気があっても礼の無い人、決断力があっても怒りっぽい人、そういう人たちを嫌う。子貢曰く、私も嫌うものがあります、覗き見をしておいて知っているふりをする人、相手かまうことなく出しゃばり出ることが勇気だとする人、人の汚点をわめき散らして正直ものとする人、そういう人を嫌います。

子張七

子夏曰く、百工は肆《いちくら》に居てその事を成す、君子は学びて以てその道を致《きは》む。

【学習】
■肆＝シ・ほしいまま・店・工作場　■致＝いたす・伝える・尽くす

【我流訳】
子夏曰く、職人は工作場でその仕事を成就する、君子は学問を伴にして道を極めて行く。

子張九

子夏曰く、君子に三変あり、これを望《のぞ》めば儼然たり、之に即《つ》けば温《あたゝ》かし、その言をきけば厲《たゞ》し。

【学習】
■変＝かわる・変動　■儼＝ゲン・おごそか・いかめしい
■儼然＝きちんとしている
■厲＝レイ・はげしい・といし・みがく・しいたげる・病む

【我流訳】
子夏曰く、君子には三様の変化がある。遠くより見ればそびえ立ち、傍に寄れば温かく、言葉を聴けば研ぎ澄まされている。

子張一二

子游曰く、子夏の門人小子、洒掃《せいさう》応対進退に当つては則ち可なり。抑《しかれ》ども末なり、本は則ちなし、如何すべき。子夏これを聞いて曰く、噫《あゝ》、言游過てり、君子の道孰《いづれ》をか先に伝へ、孰をか後に倦《をし》へむ、これを草木の区《まちまち》にして別るるに譬ふべし、君子の道焉《いづくん》ぞ誣《おなじ》（同）くすべけむや。始あり卒《をわり》あるものはそれ唯聖人か。

【学習】

▪洒掃＝サイソウ・水をまき洗い清める
▪進退＝立ち居振る舞い　　　　▪道＝導
▪区＝堺・場所
▪誣＝ブ・しいる・ごまかす・してはならないことをする類

【我流訳】

子游曰く、子夏の門人の若者は、掃除、応対、立ち居振る舞いに当たっては良くできているが、それらのことは末端のことで、肝心の本が学べていない、どうしてでしょうか。子夏これを聞いて曰く、噫、子游は間違えている、君子の導き方は、本だからと言って先に教え、末端のことだからといって後で教えるという順序はない。譬えるならば草木を種類に分けて、別々に育てるようなものだ。《草木によって育て方が違うように、個々を見極めることだ。個々の能力にあった教え方をすることである、》君子の導き方は全ての人に一律に、同じ教えかたをしない。何が始めで何が終わりなのか《の秩序》を知る者は唯聖人のみである。

子張二一

子貢曰く、君子の過つは日月の食（蝕）するが如し、過つときは人皆これを見、更《あら》たむるときは人皆これを仰ぐ。

【我流訳】

子貢曰く、君子の過ちは日食・月食と同じで、過てば《日月の欠けるを見る如く》人は皆驚いて見る。過ちが改められれば、《満ちた日月を見る如く》人は皆仰いで見る。

堯曰七

子張政を孔子に問ひて曰く、何如《いかなれ》ば斯《すなは》ち以て政に従ふべき。子曰く、五美に尊《したが》（遵）ひ四悪を屏《のぞ》（除）けば斯ち以て政に従ふべし。子張曰く、何をか五美といふ。子曰く、君子は恵《めぐ》めども費《つひや》さず、労すれども怨みず、欲すれども貪らず、泰《ゆたか》なれども驕らず、威あれども猛《たけだけし》からず。子張曰く、何をか恵めども費さずといふ。子曰く、民の利とする所によりてこれを利す、斯《すなは》ち亦恵めども費さざるにあらずや。その労すべきを擇びてこれを労す、又誰をか怨みむ。仁を欲して仁を得たり、又焉ぞ貪らむ。君子は衆寡となく、小大となく、敢て慢《あなど》ることなし、斯《すなは》ち亦泰なれども驕らざるにあらずや。君子はその衣冠を正《たゞ》し、その瞻視を尊くして儼然たり、人望んでこれを畏る、斯《すなは》ち亦威あれども猛からざにあらずや。子張曰く、何をか四悪といふ。子曰く、教へずして殺す、これを虐といふ。戒めずして成るを視る、これを暴といふ。令を慢《あなど》り期を致《つく》す、これを賊といふ。之を猶《あつむる》（聚）は人に與《あた》へむとてなり、而も出内《いだす》ことの吝《やぶさか》なる、これを有司（属吏）といふ。

【学習】

■屏＝ヘイ・ビョウ・ついたて・屏＝除・のぞく――武内義雄『論語』
■虐＝しいたげる・むごい　■戒＝いましめる
■成＝できあがる　■暴＝あばく・あばれる
■慢＝おこたる・怠慢　■令＝命ずる・いいつけ

【我流訳】

子張が政を孔子に問いて曰く、どうすれば政に携わることができますか、子曰く、五美を尊び四悪を遠ざければ政に携わることができる。子張曰く、五美とはなんでしょうか。子曰く、君子は恵めども費やさず、労すれども怨みず、欲すれども貪らず、泰なれども驕らず、威あれども猛からず。子張曰く、その意味はなんでしょうか。子曰く、恵めども費やさずとは、民の利とする所を応援してやって利を得させてやる、すなわち金品を与えるような浪費はしなくて済むということである。労すれども怨みずとは、仕事に合った人を擇んで働かせれば、不平は言わぬということである、欲すれども貪らずとは、仁を欲すればこそ仁が得られる、仁に貪欲であることは富貴を貪ることと同じではないということである、泰《ゆたか》なれども驕らずとは、君子は聴衆の多少、事の大小に関係なく慢心することはないということである、威あれども猛からずとは、君子は服装を正し容姿を伸ばして厳かである、それゆえ人は自然と畏敬の念を抱くということである、子張曰く、四悪とは何でしょうか。子曰く、民を教育もせずに罪を犯したら殺す、これを虐という、注意を与えずに仕事をさせ、その出来栄えの粗探しをする、これを暴という、いい加減に仕事を命じておきながら期限だけを厳しく迫る、これを賊という、税金を集めるのは人に与えるためである、出さねばならぬものは出さねばならぬのに出し惜しみをするは小役人根性というものである。

四、君子の道、仁

学問を修め、徳を修め、己を修めて、行うは君子の道である。君子の道は仁とともにあることは、里仁五で説かれている。

再・里仁五

子曰く、富《とみ》と貴《たっと》きとは、これ人の欲するところなり、その道を以てせざればこれを得るも処《を》らざるなり。貧《まずし》きと賤《いやし》きとは、これ人の悪むところなり、その道を以てせざれば、これを得るも去らざるなり。君子仁を去りて悪《いづく》にか名を成さむ、君子は終食《ものくら》ふ間も仁を違《さ》ることなく、造《ざう》次《じ》にも必ず是に於てし、顚沛《てんぱい》にも必ず是に於てす。

【学習】

- 終食＝わずかな時間
- 造次＝あわただしい、わずかの間
- 顚沛＝テンパイ・つまずきたおれる時

【我流訳】

富と貴きは人の欲しがるものであるが、それらを得るに道を以てして得るのでなければそれらを得たとしても享受することはない。貧きと賤しきことは人の憎むものであるが、それらを除くに道を以てして除くことができなければそれらを得たとしてもそこからは逃げたりしない。君子たるもの仁から逃げてどこに君子の名を成せるだろうか。君子は食する束の間でさえ仁を放さない、あわただしいわずかの間の時間であっても仁を放すことなく、つまずいて転ぶ時にでさえ仁を放すことはない。

【私語】

富貴を得るのも、貧賤を除くのも、道によって行わなければならない。それ以上に君子の求める道は仁でなければならない、君子が道を違えて仁から逃げては君子の名を成せぬ。君子の面目は仁と共にあること。

四の一　仁の道、仁と礼

孔子の道は忠恕を行うこと、忠恕を行うは仁の端、仁の実践方法であることが説かれたのが雍也三〇である。即ち、忠恕の道は仁の道に他ならない。その仁を行うは、礼によらねばならない。

八佾三

子曰く、人にして仁あらずんば、礼を如何せむ。人にして仁あらずんば、楽を如何せむ。

【学習】

■仁＝慈しみ・思いやりの心・仁の徳を備えた人・他人に及ぼす愛の心・親愛・孝悌

■礼＝礼儀作法・立ち居振る舞い・儀式・社会の秩序形態＝心に敬意を抱き、それを行動として外に表す道・礼儀作法・行動の形式

■楽＝儀式に奏でる音楽

【我流訳】

人として仁を得られないのであれば、礼による立ち居振る舞いはどうなる。人を敬い人に謙る礼の所作は形骸化するであろう。そうなれば礼の真価は失われてしまう。楽は単なる音となってしまう。

【私語】

仁と礼は両輪であること、礼は謙譲・敬譲の精神を表す人の立ち居振る舞いとするなら、仁は謙譲・敬譲の徳を具えた人そのものと云うことができると思う。徳を具えないものが礼を尽くしても令色にしかならない、形式化してしまうということでなかろうか。後に出てくる顔淵一、顔淵二、における仁問においても仁は礼によって実践することだと説いて

いる。

※

新渡戸稲造『武士道』（岩波文庫）より

惻隠の心は仁の端なり、仁は柔和なる母の如く

礼は、寛容にして慈悲あり、妬まず　誇らず　驕らず　非礼を行わず　己の利を求めず

憤らず　人の悪を思わず

四の二　仁の道、仁問章

顔淵一

顔淵仁を問ふ、子曰く、己を克《せめ》て礼に復へるを仁と為す（一に曰く、己を克めて礼に復れば天下仁に帰す）、仁を為す己に由る而《あに》（豈）人に由らむや。顔淵曰く、請ふその目《かなめ》（要）を問はむ。子曰く、礼に非ざれば視ること勿れ。礼にあらざれば聴くこと勿れ、礼にあらざれば言ふこと勿れ、礼にあらざれば動くこと勿れ。顔淵曰く、回不敏と雖も請ふ斯の語を事《つと》めむ。

【学習】

■克＝たえる・能力がある・しとげる・責める

■克己＝自分の欲望に打ち勝つ　■復＝かえる・もどる・報いる・答える・実行する

■不敏＝不才

※

■克己復礼＝ともすれば礼を離れ勝ちなる自己を責めて常に礼にかえらしめる意である――武内義雄『論語之研究』

【我流訳】

顔淵が仁を問う、子曰く、己の身を責めて礼に就かせること、それが仁である。大事なことの一つとして言われていることがある。克己復礼が成れば天下は仁によって治まるということである。仁を行うとは当に己自身に由るものである、他人に俟ことではない。顔淵が尋ねた、どうかその仁を行う要を教えてくださいと。子曰く、礼のない目つきや見方をして視てはならない、礼のない聞き方をして聴いてはならない、礼のない物言いをしてはならない、礼のない立ち居振る舞いをしてはならない。顔淵が答えて言った、回は不才ものではありますが訓えられた言葉を肝に命じて実践してまいります。

【私語】

顔淵には仁とは、己を克《セメ》て礼に復《カ》へることである、と直接的に仁を説いている。だがそれは仁とは何かという答えではない。仁の実践はこうあるべきだという答えである。

仁を行う、そのすべては、自らの身心を礼で纏い、視聴言動を礼によって行うことである、と説く。

顔淵二

仲弓仁を問ふ。子曰く、門を出づるときは大賓を見るが如くにし、民を使ふには大祭に承《つかへ》まつるが如くにし、己の欲せざるところは人に施すなければ、邦にありても怨まるゝなく、家にありても怨まるゝなからむ。仲弓曰く、雍不敏と雖も請ふ斯《この》語を事《つと》めむ。

【我流訳】

仲弓が仁を問う。子曰く、一たび門を出たならば、誰にでも大事なお客様を迎えるが如く恭敬をもって見え、民に仕事をさせるときは大祭に仕えるがごとく敬虔な気持ちを忘れぬこと、己が人からされたくないことは人にも決して為ぬこと、そうすれば、邦に仕えて居ても家に居ても怨まれることはない。仲弓が答えて言った、雍は不才ものではありますが訓えられた言葉を肝に命じて実践してまいります。

【私語】

一度門を出れば、人には礼を以て見え、民の使役には大祭に仕えるが如き礼をもって臨み、己が人からされたくないことは人にも決して為さぬようにすれば、だれから怨まれることはない、ということ。

※

司馬牛との仁問においては、仁者をして語る。

孔子は仁を問われて、仁とは何かを答えない、仁とはかくかくしかじかのものであると答えないのである。かろうじて顔淵二二に樊遅との仁問において、人を愛せよと説いているが、仁とは愛である、とは言っていない、やはり人を愛することを行うことだと云っているのである。

顔淵三

司馬牛仁を問ふ。子曰く、仁者は其言《もの》いふこと訒《かた》し。曰く、其言ふこと訒《かた》き、斯《すなは》ちこれを仁と謂ふべきか。子曰く、為《なす》こと難ければ言《い》ふこと訒《かた》きなきを得むや。

【学習】

■訒＝ジン・なやむ・言い悩む・ひかえる・我慢する

【我流訳】

司馬牛が仁を問う、子曰く、仁者は物言うことには口が固い。司馬牛曰く、物言うことに口が固いことが仁と謂うべきものですか。子曰く、《仁を》実践していくことは難しいことだ、それを真に知るものであれば自ずと物言いは固くならざるを得ぬ。

【私語】

仁を実践することは難しいと説いているのであろうか、俺には言行一致の難しさを言っているように聞こえる。だが仁の実践は難しいことに違いはない。

四の三　君子の道、仁語章

里仁一

子曰く、仁に里《を》るを美《よし》となす、擇びて仁に處《を》らず、焉ぞ知たるを得む。

【学習】

■里＝さと・いなか・いる　■擇＝択・えらぶ・えらびとる

■處＝処＝おる・仕えないで家にいる・すえる・おちつく・しかるべく決める

【我流訳】

仁の道とともにこの古里に根を下ろすことを善しとする。擇び取った仁の道、この道に落ち着くことなく《また旅に出ては、》何をもって知者と云えよう。

【私語】

仁の道、一に決めたこと。仁と比べられるものと云えば、人倫国家の実現の為に政の見聞をした旅、その命がけの旅でしかないと思う。無理があろうか。

里仁二

子曰く、不仁者は以て久しく約《まづしき》に處《を》るべからず、以て長く楽《たのしき》に處《を》るべからず。仁者は仁に安んじ、知者仁を利《よし》とす。

【学習】

■久＝ひさしい・ながく　■約＝むすぶ・倹約する・貧困・貧乏

■長＝時間が長い・距離が長い・遠い　■楽＝富・豊

【我流訳】

仁なき者は貧に長く居続けることはできない、同じく富に長く居続けることもできない、《貧にあれば乱れ、富にあれば費やし、足るところを知らないからである。》しかし仁者は仁を得ているが故に《貧富に囚われることがなく》安らかである、知者は仁を《己の飾りに》利用する。

【私語】

仁を得た者とならなければ、貧富に翻弄されて、生きざまの落ち着くところが得られない。知識人は知識として仁をとらえて自らの身に得ようとはしない。

里仁三

子曰く、唯仁者能く人を好《よみ》し、能く人を悪む。

【我流訳】

唯仁者だけが人の善行を喜び、人の悪行を嫌う。

【私語】

仁者だけが人の善行を活かし、人の悪行を除くということ、だと思う。

※

子張三、……君子は賢を尊びて衆を容れ、善を嘉みして不能を矜《あはれ》む、

里仁四

子曰く、苟《まこと》に仁に志さば悪きことなし。

【学習】

▪苟＝コウ・かりそめ・一時・まことに・いやしくも

【我流訳】

まことに仁に志すことができれば、不善は改まっていくだろう。

【私語】

道に入れば悪い行いはしないように努めるものである。でなければ道に志す意味がない。

再再・里仁五

子曰く、富《とみ》と貴《たっと》きとは、これ人の欲するところなり、その道を以てせざればこれを得るも処《を》らざるなり。貧《まずし》きと賤《いやし》きとは、これ人の悪むところなり、その道を以てせざれば、これを得るも去らざるなり。君子仁を去りて悪《いづく》にか名を成さむ、君子は終食《ものくら》ふ間も仁を違《さ》ることなく、造《ざう》次《じ》にも必ず是に於てし、顚沛《てんぱい》にも必ず是に於てす。

【学習】

■終食＝わずかな時間　■造次＝あわただしい、わずかの間

■顚沛＝テンパイ・つまずきたおれる時

【我流訳】

富と貴きは人の欲しがるものであるが、それらを得るに道を以てして得るのでなければそれらを得たとしても享受することはない。貧きと賤しきことは人の憎むものであるが、それらを除くに道を以てして除くことができなければそれらを得たとしてもそこからは逃げたりしない。君子たるもの仁から逃げてどこに君子の名を成せるだろうか。君子は食する

束の間でさえ仁を放さない、あわただしいわずかの間の時間であっても仁を放すことなく、つまずいて転ぶ時にでさえ仁を放すことはない。

【私語】

富貴を得るのも、貧賤を除くのも、道によって行わなければならない。それ以上に君子の求める道は仁でなければならない、君子が道を違えて仁から逃げては君子の名を成せぬ。君子の面目は仁と共にあること。

里仁六

子曰く、我未だ仁を好《よみ》するもの不仁を悪《にく》むものを見ず。仁を好《よみ》するものは以て尚《くは》ふるなし。不仁を悪むものは其《すなはち》（乃）仁たり、不仁者をして其身に加へしめず。能く一日其力を仁に用ゐるあらむか、我未だ力の足らざるものを見ず、蓋しこれあらむも我未だこれを見ざるなり。

【学習】

▪尚＝なお・くわえる・たっとぶ　▪不仁＝仁徳のないこと・仁を為さない
▪好＝したしみ・このんで・愛する・欲しいと思う
▪蓋＝ふた・けだし・たぶん・たっとぶ・なんぞ〜ざる

【我流訳】
私は仁を好《よみ》する人《で》仁を実践しない人を憎むものを未だ嘗て見たことがない。仁を好《よみ》するものはそれ以上何も望まない。不仁を悪むものは仁を為さないことを憎むが故に仁を為す人そのものである。よって不仁者に仁をなさないという影響を受けることはない。《仁を好《よみ》しながら仁を実践しないものは》一日たりともその力を、仁を為すことに使うべきである。私は誰にでも努力する力はあると信じている。いやすでに努力している人があるかもしれないが私はそういう人を未だに見たことがない。

【私語】
仁は実践においてのみその真価があるということ。

里仁七

子曰く、民の過つや、各其党《たぐひ》（類）に於てす。〔故に〕過を観れば、斯《すなは》ち仁を知るべし。

【学習】
- 民＝たみ・ひと・民衆・国民・身分の低い人・統治される者
- 過＝すぎる・あやまつ・あやまり・あやまち・間違える
- 党＝むら・生まれ故郷・なかま・徒党・同じ地域の集団

【我流訳】

民の過ちは各々の仲間、生まれ故郷の倣いによって犯す、その過ちを観れば即ち、その仲間、郷党に仁の有無を知ることができる。

【私語】

その昔には地域社会に独特の教えのようなものがあった、人々は仲間からそんな地域社会の特性を身に得ていたものである。今は教育が行き届いて無くなったものかもしれない。

※

（民＝人、であれば）

人の過ちは、各々為すところ、習癖、好みなど、人間らしさの種類によって犯す、よってその過ちを観れば即ち、仁の有無を知ることができる。

雍也七

子曰く、回よ、其心三月仁を違《さ》らずんば、其余〔の徳〕は日月《ひづきづき》に至らむのみ。

【学習】

■余＝あまる・ほか・その他の

【我流訳】

回よ、その心を三カ月間、仁から片時も離さなかったならば、その他の徳は時を経る間もなく得られるに違いない。


【私語】

仁徳を得ることは非常に困難なことである。その仁を得ることができればその他の徳は、仁を得るほど困難なことではあるまい。お前ならきっとそれができる。

雍也二二

樊遲知を問ふ。子曰く、民の義を務め、鬼神を敬して遠ざかる、知と謂ふべし。仁を問ふ。子曰く、仁者は先づ難《なや》(労苦)みて、後に〔功を〕獲《う》、仁と謂ふべし。


【学習】

▪義＝正しい・道に適っている　▪鬼神＝祖先の霊・目に見えぬ恐ろしい神霊

【我流訳】

樊遲が知を問う。子曰く、庶民が人の義務としている事を務めること、人知の及ばぬ鬼神は畏敬して遠ざけること、それが知者というものである。樊遲が仁を問う。子曰く、仁者は先んじて艱難に向かい、後にその功績を勝ち取る。これを仁と謂う。

【私語】
庶民の大切にしている良識を軽んずるなということか。

雍也二三

子曰く、知者は水を楽しみ、仁者は山を楽しむ。知者は動き、仁者は静《しづか》なり。知者は楽しみ、仁者は寿《いのち》ながし。

【学習】
▪寿＝ジュ・いのち・ことほぐ・寿命が長い・いわう

【我流訳】
知者は水を楽しみ、仁者は山を楽しむ。知者は変化し、仁者は無心静寂なり。知者はその変化を楽しみ、仁者はその無心静寂の悦に生きる。

再・雍也二六

宰我問ひて曰く、仁者は之に告ぐるに井に仁ありといふと雖も、それ之に従はむか。子曰く、何すれぞそれ然かせむや、君子は逝《ゆ》かしむべし、陥《おちい》らしむべからず、欺くべし、罔《し》ふべからず。

【我流訳】
宰我問いて曰く、仁者は井戸の中に仁が落ちていると云われたら、井戸の中に飛び込みますか。子曰く、どうしてそんなことをしなければならぬ、君子は人の言うことを信じて井戸へ助けに駆けつけはするが《盲滅法飛び込んだりはしない。中の様子を見定める。》君子を仁を餌にして騙せるのは井戸の傍までだ、井戸に飛び込みさせることはできない。道によって騙すことはできても、めくらにはできない。

再・述而六

子曰く、〔士は〕道に志して徳に據り、仁に依りて芸に遊ぶ。

【学習】
- 士＝役人・中堅役人・つわもの・道に志すひと
- 據＝拠＝よる・すがる・たよる・よりどころとす
- 依＝よる・もたれかかる・従う・準ずる
- 芸＝六芸――礼・楽・射・御・書・数

【我流訳】
志高き人は、大道に志を立てて、自らの得た徳をその原動力とし、仁を支えとして、芸を楽しみとする。

述而三〇

子曰く、仁遠からむや、我仁を欲すれば、斯《すな》ち仁至る。

【我流訳】

仁は遥か彼方に遠いものだろうか、いや自らその仁に恋焦がれているのだ、仁の方からすぐにもやって来ることだろう。

泰伯七

曾子曰く、士は以て弘毅ならざるべからず、任重くして道遠し、仁以て己が任となす、亦重からずや、死して後已《や》む、亦遠からずや。

【学習】

■ 毅＝意志が強くてくじけない

【我流訳】

曾子曰く、道に高き志を持つ者は度量が大きくて強固な意志がなければならぬ。その任務は重く道は悠に遠いからである。仁を以て己の任となす、何と重いことであろうか、この道は死ぬまで止まない、何と遠きことか。

泰伯一〇

子曰く、勇を好みて貧を疾むときは乱す、人にして不仁ならば〔当に之を風化すべし、若し〕之を疾むこと已甚《はなはだ》しければ乱せむ。

【学習】

▪風化＝徳によって教化すること　▪疾＝病・苦しむ・にくむ

▪已甚＝二字で――はなはだ

【我流訳】

勇ましさを好み貧を憎むときは非道を行う、人として不仁ならば改めさせねばならないが、《だからと云って》その不仁を過度に憎めば非道を行う。

子罕一

子罕《まれ》に利を言《と》く。〔利をとくときは必ず〕命と與《とも》にし仁と與にす。

【学習】

■子＝孔子・先生　　■罕＝カン・まれ・まれに

■與＝与

【我流訳】

子はまれに利を説かれることがある。利をとくときは必ず命と仁とを共にされる。

【私語】

利とは何か、命とは何か、仁とは何か、をこれこれ、しかじかと説かれた語録はない。

※

孔子は、仁とは何か、を明確に答えていない。同様に、徳も命も利も説かれた語録は見当たらない。

顔淵二二

樊遅仁を問ふ。子曰く人を愛せよ。智を問ふ、子曰く、人を知れ。樊遅未だ達《さと》らず、子曰く、直を挙げてこれを枉れる〔人の上に〕錯《お》くときは、能く枉れる者《ひと》をして直からしむ。樊遅退ぞき子夏に見えて曰く、嚮に吾夫子に見えて智を問ひしに、子は直を挙げてこれを枉れる〔人の上〕に錯《お》くときは能く枉れる者をして直からしめむと曰《のたま》へり、何の謂ぞや。子夏曰く、富《さかん》なるかな言や、舜天下を有《たも》てるとき、衆に選びて皐陶を挙げしかば不仁者遠かりぬ、湯天下を有てるとき、衆に選びて伊尹を挙げしかば不仁者遠かりぬ。

【学習】

■嚮＝キョウ・まえ・向かう・前に・もてなしを受ける・ひびく
■嚮＝饗＝もてなす
■直＝まっすぐ・正しい
■皐陶＝コウヨウ・人の名
■伊尹＝イイン・人の名
■錯＝おく・まじる・めっきする
■枉＝まがる・まがったひと・心のねじけたひと
■湯＝トウ

【我流訳】

樊遅が仁を問う。子曰く、人を愛せよ。智を問う、子曰く、人を知れ。樊遅は中々意味が理解できなかった、子曰く、心の真っ直ぐな人を登用して心の曲がった人の上にすれば、心の曲がった人を真っ直ぐな人にすることができる。樊遅は退いて子夏に会って云った、前に私が先生に会って智を尋ねたことがありましたが、先生は直を挙げてこれを枉れる人の上に錯《お》くときは能く枉れる者をして直からしむと言われたが、どんな意味なのでしょうか。子夏曰く、さすが先生のお言葉である、実に豊かである。《というのも昔実際に有った話が込められているのだ、》それは舜が天下を治めているとき衆の中から皐陶《コウヨウ》という人物を重く登用したら不仁者がいなくなってしまったのだ、（さらに）湯《トウ》が天下を治めていたとき、やはり衆の中から伊尹《イイン》という人物を重く登用したらやっぱり不仁者がどこかへ行ってしまったのである。《こういう意味で人を知れと言われたのだ。》

子路二七

子曰く、剛（無欲）と毅（果敢）と木（質撲）と訥（遅鈍）とは仁に近し。

【学習】

▪剛＝ゴウ・つよい・たちきる　▪毅＝キ・意志が強くてくじけない

▪木＝ボク・ありのままで飾り気のないこと

▪訥＝トツ・口が重い・口下手

※

▪剛毅木訥＝心が強くしっかりしていて、飾り気がなく無口なこと――『漢語林』

【我流訳】

《誘惑に負けない》意志の強さを持って己を飾らぬ無口な人は仁に近い人である。

憲問二

〔原憲又問ふ〕剋（勝）伐（矜）怨（忌）欲（貪欲）行はれざる以て仁となすべきか。子曰く、以て難しとなすべし、仁は則ち吾知らざるなり。

【学習】

■剋＝コク・勝・むごい・きびしい　■伐＝兵力で攻める・自分の功績を誇る
■矜＝あわれむ・いたむ・ほこる　■怨＝うらむ・残念・にくむ

※

■剋＝勝・伐＝矜・怨＝忌・欲＝貪欲――武内義雄註

【我流訳】

腕力で勝ち、自分の功績を誇り、人に怨みを覚え、貪欲が著しいなどの行いが為されぬことが仁というべきものでしょうか、子曰く、それらをすべて克服することはとても難しいことだが、だからと言って為さないことを以て仁といえるかどうか私には分からない。

再・憲問七

子曰く、君子にして不仁なるものあり、未だ小人にして仁なる者あらざるなり。

【我流訳】

君子と云われる人でも仁を得ていないものがある、まして小人が仁を得ることなど有り得ない。

衛霊公九

子曰く、志士仁人は生を求めて仁を害することなく、身を殺して仁を成すことあり。

【学習】

■志士＝高い志を持つ人

【我流訳】

高い志を持った仁に厚い人は我が身の保全の為に仁を害うことはない、それ以上に一身を投げ打ってでも仁を成すことがある。

衛霊公一〇

子貢仁を為さむことを問ふ。子曰く、工《たくみ》（工匠）その事《わざ》を善《よ》くせむと欲するときは必ず先づその器を利《と》（厲）ぐ、この邦に居るにはその大夫の賢なる者《ひと》に事へ、その士の仁なる者《ひと》を友とせよ。

【学習】
■工＝大工・名工
■器＝道具・うつわ
■利＝研ぐ――厲＝といし・みがく

【我流訳】
子貢が仁を為さむを問う。子曰く、名工と呼ばれる人は善い仕事をしようとして、先ずその道具を研ぐ、《そのように仁の道を実践する為には先ず己自身を研かねばならぬ、そのためには》どこの邦に行ってもそこの賢大夫に仕え、そしてその配下の官吏で仁のある人を友とすることである。

衛霊公三三
子曰く、知は之（民）に及《およ》ぶも、仁もて之を守《まも》る能はざれば、これを得といへども必ず之を失ふ。知之（民）に及び仁能く之を守るも荘以て之に涖《のぞ》まざれば則ち民は敬はず。知之（民）に及び、仁能く之を守り、荘以て之に涖《のぞ》むも、之を動かすに礼を以てせざれば未だ善からざるなり。

【学習】
■知＝知る・通知・知識・知恵・つかさどる・治める・取り締まる

■及＝およぶ・達する・ゆきわたらせる・（ある状況に）なる

■涖＝莅＝リ・臨む・監視する　■荘＝おごそか・重々しい

※

■この章全部、之＝民——武内義雄『論語』

【我流訳】

知識は《教育によって》民に十分行き渡らせることができても、仁によって民を擁護することができなければ、民心を得たと思っても、必ず民を失う、知識を民に十分に与え、仁によって民を擁護することができたとしても、威厳をもって民に臨めなければ、民は尊敬の念を持つことはない。知識を民に十分与え、仁によって民を擁護することができ、威厳をもって民に臨むことができたとしても、民を動かすのに礼を以てしなければ、未だ《その政治は》最善ではない。

衛霊公三五

子曰く、〈民は水火なければ生くべからず、然れども〉民の仁に於けるは水火よりも甚だし。水火は吾踏んで死する者《ひと》を見るも未だ仁を踏んで死する者《ひと》を見ざるなり。

【学習】
■於＝場所・対象・時間・比較・受け身・起点・目的
■踏＝ふまえる・よりどころとする　■甚＝はなはだしい・非常に・異常である

【我流訳】
民は水・火が無くては生きていくことができない、しかし民にとって仁の重さは、その水・火以上のものである。《水・火を無くてはならないものとしながら、》私はその水・火を踏んでその難にあって死んだ人を見たことはある、しかし《仁を無くてはならないものとしながら、》その仁を踏んでその難にあって死んだ人を見たことがない。

【私語】
身の保全ばかりを大事にしているとその難に遭うことがある。だったら人として、より大切な〝人の道〟を大事とすべきである。

衛霊公三六

子曰く、仁に当《あた》りては師にも譲《ゆづ》らず。

【我流訳】
こと仁を行うに先生であろうと遠慮することはない。

陽貨六

子張仁を孔子に問ふ。孔子対へて曰く、能く五つのものを天下に行ふを仁となす。〔子張〕之（五者）を請ひ問ふ。〔子〕曰く、恭と寛と信と敏と恵となり、恭なれば則ち侮《あなど》られず、寛なれば則ち衆を得、信あれば則ち人これを任じ、敏なれば則ち功あり、恵なれば則ち以て人を使ふに足る。

【学習】

- 恭＝うやうやしい・礼儀正しくつつしみ深い
- 寛＝ひろい・度量がゆたか
- 信＝まこと・まかせる・信ずる・誠実
- 敏＝すばしこい・機敏・さとい
- 恵＝めぐむ・ほどこし・あわれむ
- 侮＝あなどる・人を馬鹿にした行い

【我流訳】

子張仁を孔子に問う。孔子答えて曰く、能く五つのことを世の中に行うことを仁とする。子張五つのことを請い問う。子曰く、恭と寛と信と敏と恵である、恭しく人に接することができれば侮られることはない、小過を許せるほど心が広ければ衆は集まる、嘘偽りのない人であれば、人から事を任せてもらえる、職務に敏捷であれば功績も上げられる、多くの恵みを与えることができれば人は喜んで働くものである。

子張六

子夏曰く、博く学びて篤く志《し》（識）り、切《たしか》に問ひて近く思はば、仁その中にあらむ。

【学習】

■博＝広く通じている・行き渡っている・多い

■篤＝てあつい・人情が厚い・深い

■篤志＝手厚い心・熱心に志すこと

■切＝きる・みがく・ふかく

【我流訳】

子夏曰く、広く学んで深く識り、今何を為すべきかを自問して、隣人を思いやれば、仁はその中にある。

『俺の論語　孔子と君子への道』はここまでである。

『俺の論語　孔子と君子への道』再読目次

あとがき

君子への道はさながら求道者の道の如くに説かれている。が、それが君子への道なのである。君子は人の誠を実現し得る人である。人の指導者と成れる人である。そんな君子人と成る道が易かろうはずもない。だから弟子学徒達は論語学而第一の冒頭にその道の精神を説かれるのである。恐らく孔子だけがこの道を成し得た人であろうと思う。だからこそ論語の語録は生きているのである、と俺は思っている。しかし、その厳しさからは孔子の理想とする穏やかな人間像は（公冶長二七）想像もし得ない。この孔子の人間像はどこから出て来るのであろうか。

孔子は数多の弟子（若者）学徒に師事された真に人の師である。孔子は弟子学徒達との交わりに於いて、求道者としての己の立場を自由にして、教師として、人の師として、あるいは生身の人間として、人間孔子を学徒達に現したのではないだろうか。郷党に在る孔子は今にも衆の中に埋もれてしまいそうな、偉大な人格者を呈しているようにも思える。正に人倫の中の人倫の人である。

論語には、学徒達との問答や孔子の自叙・述懐・言行などと共に、学徒と共に在ろうとする（述而二三）人間孔子の正直な気持ちが多く説かれている。そんな中で孔子は、己の理想とする人間像を吐露するのである。

論語は読み込んでも、読み込んでも常に新鮮である。

森　静（もり　しずか）

昭和23年４月２日、戦後生まれの末っ子として農家に生まれる。幼少期は清流木曽川が遊び場であった。昭和42年、工業高校を卒業後、サラリーマンとなるも馴染めず、職を転々とする。結婚を機に、兄の営んでいた食品小売業を引き継ぎ生計を立てる。二女の子宝にも恵まれて今日に至るも、今は廃業して年金生活を送る。

俺の論語

孔子と君子への道

2017年10月17日　初版第１刷発行

著　者　森　　静

発行者　中 田 典 昭

発行所　東京図書出版

発売元　株式会社 リフレ出版
〒113-0021　東京都文京区本駒込 3-10-4
電話 (03)3823-9171　FAX 0120-41-8080

印　刷　株式会社 ブレイン

ISBN978-4-86641-085-2 C0010

Printed in Japan 2017

落丁・乱丁はお取替えいたします。

ご意見、ご感想をお寄せ下さい。

［宛先］〒113-0021　東京都文京区本駒込 3-10-4
東京図書出版